Order Of Mourning In Cochin Jewish Tradition

הַמְצֵא מְ
נְכוֹנָה תַּ
בְּכַנְפֵי הַשְּׁ
בְּמַעֲלוֹת
וּטְהוֹרִים
הָרָקִיעַ מַ
אֶת נִשְׁמַ
בֶּן פְּלוֹנִי,
לְעוֹלָמוֹ בַּ
[illegible] הַמִּשׁ
נָדַב צְדָקָ
[illegible]זְכָּרַת נִ
בְּגַן עֵדֶן
מְנ[illegible].
בַּעַל הָרַ
יַסְתִּירֵהוּ
[illegible]נָפָיו לְעוֹ
וְיִצְרוֹר בִּ
הַחַיִּים אֶ
נִשְׁמָתוֹ.
נַחֲלָתוֹ וְ
בְּשָׁלוֹם עַ
מִשְׁכָּבוֹ, וְ
אָמֵן. אֵ
רַחֲמִים שׁ
בַּמְּרוֹמִים,
מְנוּחָה נְ
תַּחַת כַּנְ
הַשְּׁכִינָה
בְּמַעֲלוֹת
וּטְהוֹרִים
הָרָקִיעַ מַ
אֶת נִשְׁמַ
פְּלוֹנִית בַּ
פְּלוֹנִית שֶׁ
לְעוֹלָמָהּ,
[illegible] בֶּן הַמְּ
נָדַב צְדָקָ
[illegible]זְכָּרַת נִ
בְּגַן עֵדֶן
מְנ[illegible]ה.
בַּעַל הָרַ
יַסְתִּירֶהָ
[illegible]נָפָיו לְעוֹ
וְיִצְרוֹר בִּ
הַחַיִּים אֶ
נִשְׁמָתָהּ

Order Of Mourning In Cochin Jewish Tradition

Shlomo Mordechai

TAMARIND TREE BOOKS

Toronto

Copyright © 2014 Shlomo Mordechai

All rights reserved. No part of this publication may be reproduced, stored in a retrieval system or transmitted in any form or by any means, electronic, mechanical, photocopying, recording or otherwise, without the prior written permission of the author or publisher. Inquiries should be addressed to:

Tamarind Tree Books Inc.,
14 Ferncastle Crescent,
Brampton, Ontario. L7A 3P2, Canada.
or
Shlomo Mordechai,
137 Sunrise Lane,
Lewittown, New York,
11756, United States.

Library and Archives Canada Cataloguing in Publication

Mordechai, Shlomo - author
Order of mourning in Cochin Jewish tradition /
Shlomo Mordechai.

ISBN 978-0-9919157-1-2 (pbk.)

1. Jewish mourning customs--India--Kerala. I. Title.

BM712.M67 2014   296.4'45095483   C2013-907161-X

Ritual Purification (*Taharah*) Process

The body is never left alone, as a sign of respect. A Jewish person(s) must remain in the presence of the body until the burial. The people who remain with the body are called *shomerim*, "guards."

Respect for the deceased is of paramount importance, and therefore the *shomerim* may not eat, drink, or even perform a *mitzvah* in the presence of the dead. To do so would be a distraction, and disrespectful of the deceased. Instead, the *shomerim* recite psalms, praying that the soul has an easy and painless transition from this world to the World of Truth.

Before the deceased is dressed for burial, we observe the ritual of *taharah* (ritual purification) done by the *chevra kadisha*—Jewish burial society. The *taharah* should be done as close to the burial as possible, preferably within a few hours. The entire process must be performed by Jewish people. Men perform the *taharah* on male bodies, while women do the *taharah* for the female dead.

Those performing the *taharah* treat the body with the utmost respect as though the person was still alive.

The body is cleansed and immersed in a *mikvah* (bath used for ritual immersion), where possible. If not, a large measure of warm water is poured over the body. Traditionally, different verses are recited at various stages of the *taharah* process.

The body is then dressed in traditional burial shrouds, which are simple white linen garments. The final step is that the deceased is draped in a *tallit* - Jewish prayer shawl - (if he is male).

Even while the body is being washed, the private areas remain covered by a cloth, aside for the few moments when they are being washed. There is no frivolous speech throughout and forgiveness is requested of the deceased in case the proper honor due it is not afforded.

Relatives of the deceased may not participate in the *taharah*, or even be present while it is being done. Jewish tradition prohibits embalming.

No *taharah* is performed on a murder victim. Instead, the victim is buried together with the clothing he/she was wearing when the crime was committed. This is intended to waken God's anger, to prompt Him to exact vengeance for the terrible crime.

Ritual Purification (Taharah) Process

Laws of Rendering the Garment for Mourners

1. We mourn for the loss of the following loved ones: father, mother, brother, sister, son, daughter, wife, and husband.
2. Before tearing, mourners say the following phrase:

    "The Rock, His deeds are perfect, yea, all His ways are just: A faithful God, never false, true and upright is He, judging with righteousness and truth. Blessed be the true Judge, for all of His judgments are righteous and true."
    "Blessed are You, Lord our God, King of the universe, the true Judge." In Hebrew, it is pronounced: *Bah-rooch a-tah A-do-nai e-lo-hei-noo me-lech ha-o-lahm da-yan ha-e-met.*
    "And cleanse the land of His people." (Then tear the garment)

3. An eight-centimeter tear is made in the front of the garment. Children of passed parents will make a longer tear on the left side near the heart. The tear for other relatives in on the right side. Traditionally, someone other than the mourner will make the initial cut in the garment and then the mourner will tear it with his or her hands.
4. The garment is usually torn after the burial, but we tend to tear after the purification of the body and before the recitation of laments and songs.
5. Women will close the rip with a safety pin because of modesty.
6. Mourners under the age of bar mitzvah will make a symbolic small cut.
7. The garment is not torn during Passover and Sukkoth. Some will tear their garments when these holidays end, but others do so only for their parents.
8. A bride and/or groom may not tear their garments until the seven feast days following their wedding is over. Some will rip their garments at the funeral, but after the funeral they will return to their regular clothes.

Before uttering lamentations, the custom is to disperse perfume on the deceased.

The source of this custom comes from the Talmud: "There should be a good smell to the de ad (the Book of Shabbat)." Our community interpreted this by sp raying or pouring perfume on the deceased after the body is purified. When the body is shrouded, we say "spikenard and saffron and cinnamon with bell trees of frankincense." These are fragrant scents that we send with the deceased for their assent into the heavens.

Rules for Uttering Lamentations

1. Prior to burial, we recite seven lamentations for men and six for women, with the following exceptions:
    a. On *Chol Hamoed* (Passover and Sukkoth) lamentations are not recited.
    b. On the day after any biblical holiday, Jewish festival (*Chanukah* and *Purim*), or *Rosh Chodesh* only three lamentations are recited.

c. On Thursday night after midnight and the evening before a holiday at midnight, only three lamentations are recited.

d. In the month of *Nissan*, on the 14th *Iyar*, on *Lag b'Omer, Tu Bishvat*, the days between Yom Kippur and Sukkoth, and days between *Simchat Torah* and the new month of *Cheshvan*, only six lamentations are recited. מתן is omitted.

2. The lamentations are said in the following order: first lament - eldest son; second – oldest in the community. Third, fourth, fifth, and sixth will be said by close relatives of the deceased. The seventh lamentation is said by the youngest son or son-in-law.
3. Lamentations are recited after the sons of the deceased cover the body with the designated drapery.
4. If the deceased is a male, the circling begins after the lamentations are recited (see below).

Circling of the Deceased Male

Circling is another way to purify the deceased before he leaves the material world for the Godly world. It is done only for men because women are said to already be pure. The circling symbolizes the separation of the soul from the body and each circle helps purify the parts or levels that may have been corrupted and brings light to the soul. It is meant to release a man's lust, passions and sins. The circling drives away the impurity.

Rules of Circling

1. Circling around the deceased is done at the funeral for men only. The deceased has to have been married at one time in his life.
2. Usually encompass seven circles around the deceased.
3. Circling is not done on the days when we do not say the plea, and the Friday eve and eve day of a holiday after midnight.
4. The circlers need to be currently or once married, and pure (non-mourners and those who have not touched the body).

Justification of the Divine Decree

1. The "Justification of the Divine Decree" is a prayer that is said once the body is in the grave. Some say it even during the seven days of mourning period. In this prayer, we accept the reality of the passing and acknowledge that God is the rightly judge.
2. The prayer is said for all of the deceased regardless of gender or age, unless it is a baby under 30 days old.
3. During the prayer, mourners cover their heads with a white cloth, which is worn throughout the seven days of mourning.
4. This prayer is not recited on the days we do not say the plea, and on the Friday and eve of a holiday after midnight. But, on the evening of *Rosh Chodesh, Chanukah* and *Tisha B'Av* night even after midnight, it is said.
5. The white cloth that covers the mourners' heads must have one corner that is rounded rather than square.

Rules of Seven Days of Mourning

1. Mourning begins after the burial, with the removal of shoes and sitting on a mattress or pillows on the floor.
2. If buried by twilight (before sunset), it is considered the first day of mourning and mourners will sit an additional six days.
3. Mourners who are far away begin their mourning from the time they learn of the death.
4. A bride or groom will start their mourning after their seven festival (honeymoon) days.
5. Mourners sleep on the floor, unless they are old or infirm.
6. Mourners can stand, but when people come to comfort them they need to sit.
7. Comforters provide meals and bring them to mourners who are sitting on the floor.

Forbidden during the Seven Days of Mourning

These are 11 acts that mourners refrain from doing during the seven days of mourning: haircut; washing of clothes; bathing/showering; using cosmetics and lotions; sleeping on a bed; wearing leather sandals or shoes; working or engaging in business; learning Torah; sitting comfortably; uncovering head; saying "hello" or greeting people even as they come to offer you comfort.

Refrain from Haircutting

1. Mourners (male and female) do not cut any of their body hair or shave.
2. Some allow mourners to brush their hair, but some only allow it for women.
3. Finger and toenails cannot be cut with nail clippers or scissors, but they can be cut with the hand or teeth.

Refrain from Washing Clothes

1. Mourners do not wash clothes, bedding and towels using cleaning agents.
2. Mourners do not wear clothes or use bedding that has been laundered (including underwear and socks).
3. If mourner's clothes are excessively soiled they can be replaced with other non-laundered clothes.
4. Only when mourning for parents is the replaced shirt torn.
5. If the garment is stained, there is no prohibition on washing it without cleaning agents.

Refrain from Bathing/Showering

1. Mourners do not take a shower or bath even in cold water, but they can wash their face, hands and feet in cold water.
2. Mourners are allowed to wash and clean dirt from their bodies where the dirt appears.
3. Grieving woman who are due for a *mikvah* postpone it until the end of the seven days.

4. It is permitted to wash any body parts for any medical reasons, and women who give birth may bathe in the places that require washing.

Refrain from Cosmetics and Lubrication

1. Grieving women (married and single) do not wear makeup.
2. Mourners do not apply oil or greasy ointments, lotions, deodorants, or powders.
3. Ointments and lotions are allowed for medical reasons (dryness).

Refrain from Sleeping in Bed

1. Mourners do not sleep on comfortable beds, nor should a husband and wife sleep together.

Refrain from Wearing Leather

1. Mourners do not wear leather shoes or sandals, but can wear rubber or synthetic footwear.
2. Mourners may wear leather shoes for medical reasons that include: recently giving birth; those who are ill or cold; or have an injured foot.
3. Mourners usually take off their shoes right after filling the grave with dirt.
4. When there is no option to wear rubber or canvas shoes immediately after the burial, the mourner puts some sand in the shoes until he or she gets to the house and can change.

Refrain from Working

1. Mourners do not work during the seven days of mourning.
2. Ordinary housework is allowed, including: baking, cooking, washing dishes, etc.
3. In cases where not working would cause a heavy financial burden, mourners may use their best judgment.
4. Business owners must close their offices/shops for seven days, even if they have partners and others to manage them.
5. Non-mourning business partners may work from home.

Refrain from Reading the Torah

1. Mourners do not study Torah, Prophets, Gmara, laws and legends, etc, even on Shabbat.
2. Lamentations and the study of the laws of mourning are permitted, as are the texts that are studied on Tisha B'Av.
3. If you are becoming religious, righteous or new to Torah, you are permitted to study to return to Judaism.

Refrain from Comfort

1. During the first seven days of mourning, mourners sit on a mattress or blankets on the floor only. They do not sit in chairs.
2. The elderly or ill, who have difficulty sitting on the floor, can sit on a low chair that is no higher than 30 centimeters.
3. Mourners sleep on a mattress on the floor, but the frail and old can sleep on a bed, as can those who are sleep deprived.

Head Covering

1. Mourners cover their heads with a white cloth, day and night for the seven days. (One corner is rounded, so that it does not look like tzitzit.)
2. When people come for comforting, one can take off the head cover.

Refrain from Greeting

1. Mourners do not greet visitors and visitors do not greet mourners.
2. If an unknowing visitor greets a mourner during the first three days, the mourner should reply softly that he or she cannot say "hello" because he/she is a mourner.
3. In the last three days, the mourner can greet visitors in a low voice.

Other General Rules

1. Mourners should not be distracted from their grief, for example they cannot hold a baby and play with him.
2. When reciting grace after meals, there is an additional word for mourners: "נחם" (*nachem* means comfort).
3. In the mourning house, the "Merciful Blessing" is omitted during the grace after meals.
4. Mourners refrain from leaving the house during shiva.
5. Mourning relatives may sleep in their homes, but they should leave the *shiva* home at night when there are few people outside.

The Meal of Condolence: First Meal after Funeral

After returning from the cemetery, the mourners are not allowed to eat or prepare their own meal. It is a *mitzvah* for non-mourning relatives, acquaintances or neighbors to send and serve the first meal. If mourners pay for the food it becomes their own meal and is considered inappropriate.

Ritual Purification (Taharah) Process

The Meal of Condolence is vegetarian, consisting of bread and poached eggs, rice, etc. Blessings are made with hard liquor (usually *arrack*). A non-mourner gives the blessing and then gives drinks to the mourners: "Give strong drink to he who is ready to perish; and wine to the bitter in soul." (*Proverbs 31*). When buried during the intermediate holiday days of Sukkot and Passover there is no Meal of Condolence.

Prayers and Customs during the Mourning Period

1. It is a mitzvah to pray in the house of the deceased, even when there are no mourners.
2. When there is no option to sit *shiva* in the house of the deceased, you can sit somewhere else and organize a quorum (*minyan*) where mourners sit *shiva*.
3. Mirrors and artwork are covered in the house of the deceased and the shiva house.
4. On the days when the Torah is read, the mourners pray in the synagogue.
5. When there is no possibility to organize a quorum (*minyan*), mourners may come to the synagogue on each of the seven days.
6. "*Tachanun*," the confessional prayer, is not said in the mourner's house.
7. After the psalm of the day, we add "hear it all peoples" (Psalm 49).
8. After the morning and evening prayers during *shiva*, we recite the "Justification of the Divine Decree," and then the memorial prayer, followed by the special mourners "*Kaddish*" and on the last day of mourning we add:

רלבא ימי ומלשו סלוע רואל רל היהי יי כי פסאי אל רחריו רשמש דוע אובי אל

ומנחת םילשוריבו םכמחנא יכונא ןכ ונמחנת ומא רשא שיאכ ביתכו

"The sun shall be no more thy light by day; neither for brightness shall the moon give light unto thee: but the Lord shall be unto thee an everlasting light and thy God thy glory. As one whom his mother comforts, so I will comfort you; and you will be comforted in Jerusalem."

On the Saturday (Shabbat) of Mourning

1. On Friday night, half an hour before the Sabbath, mourners get up from the floor, replace their upper garments and get organized for Shabbat (no shower or change of underwear).
2. Mourners are commanded to partake in the essence of Shabbat joy. While they may publicly observe Shabbat, it is understood that their mourning will not cease.
3. Shabbat is the only day of the mourning period where meat is eaten.
4. Mourners sit on chairs, but still do not sleep in their beds.
5. During the grace after meal, we do not add the blessing of "נחם" (comfort) because it is considered public mourning.
6. Visitors who come to the mourners' home will recite psalms before afternoon services.
7. After the psalms are recited, everyone eats baked goods and fruits and will say many blessings for the soul of the deceased as it ascends to heaven. The more blessings that are said the sweeter the ascent.
8. Mourners will go to pray in the synagogue.

Saturday Night

1. The evening service is held in the *shiva* house. After "*Havdallah,*" mourners change into their mourning clothes and resume mourning rituals.
2. If there is a blessing of the new moon (which usually takes place outdoors in sight of the moon), the mourners will make the blessing, but not with the *minyan*.

The Seventh Night: Ending the Shiva

1. *Mincha* is prayed in the mourner's home. Between the afternoon and evening services, mourners and non-mourners will conduct a Torah study for the soul of the deceased. During the evening service, the mourners chant, "Heard it All."
2. After the evening prayer, the *Zohar* and *Mishnah* are studied. For a deceased man, we study "*Vyehi*" or "*Acharei Mot.*" If the deceased is a woman, we study "*Hayyei Sarah.*"
3. We read the prayer that is recited after studying *Zohar*, "Please God" and then the rabbinic passage, "Rabbi Elazar." Mourners only recite "*Kaddish al Israel.*"
4. We eat a final festive meal, including a blessing for the bread and the grace after the meal.
5. The reader will bless the fruit of the vine over a glass of wine. After the blessing, he will pour a fourth (86 g) into a glass for himself and drink, and then poor the rest of the blessed wine into the larger portions to distribute to everyone.
6. A memorial prayer is recited over a glass of sugar water. The eldest son of the deceased (or closest male relative if there is no son) serves the reader the cup of sugar water.
7. At the end of memorial prayer, the eldest son will recite, "For everything exists by God's word" and drink from the sugar water, passing it to the rest of the mourners. Sugar water is then distributed to all the visitors. This is another symbol to assure the sweetness of the soul's assent.
8. The elder from the community begins a passage "All Israel have..." and the public continues with "*Yagdeel Torah.*" Mourners recite "*Kaddish al Israel.*"
9. On the seventh day, we visit the cemetery. If the seventh day is Shabbat, we visit on Sunday. If the deceased is buried on Saturday night or Sunday, we go to the cemetery on Sunday. If the seventh day is a *Yom Tov* (holiday), we go to the cemetery after the holiday.

Rules between Shiva and Thirty Days of Mourning

Mourners are not permitted to do the following for the first 30 days: hair cutting; wearing new clothes; getting married; entertaining and socializing; business and leisure travel. These are customs as opposed to mandates.

Ritual Purification (Taharah) Process

Hair cutting

1. Male mourners do not cut their hair, shave, or straighten beard or cut any other hair on body for 30 days.
2. Mourners of parents traditionally wait until 32 or 33 days to see a barber at the nudging of a friend or relative.
3. In Cochin, the sons did not get a haircut or shave for 11 months.
4. A married woman can cut her hair from any place on her body immediately after the *shiva*.
5. A married woman can apply makeup immediately after *shiva*.
6. Nails are not clipped with clippers or scissors for 30 days.
7. A female visits the *mikvah* within the 30 days and can ask a friend to trim her fingernails. If asking a friend causes discomfort, she could cut them herself.

Marriage and Socialization

1. A mourner should not entertain guests for 30 days from the burial or engage in entertainment such as listening to songs and music or going to the cinema and parties (mourners of parents do not engage in these activities for 12 months).
2. Mourners may not marry or attend weddings of others. However, they can participate in *sheva brachot* to hear the blessings, but must leave before the party.
3. If the mourners' children or grandchildren are married within the 30 days, the mourners may participate in the wedding and the celebratory meal if not doing so would cause the bride and groom distress.
4. Mourners may attend the wedding of other relatives besides children and grandchildren under the following conditions:
   a. If not attending causes the bride and groom great distress.
   b. If the couple expects or needs your help in serving the guests who came to dinner.
   c. Mourners dine alone.
   d. Shorten your stay at the wedding, for example attend the wedding but not the dinner.
   e. Leave the room while the band plays.
5. Mourners may participate in the following *mitzvot* without participating in festive meals: circumcision; redemption of eldest; housewarming; *bar mitzvah*; matchmaking; ending of *Gmara* cycle; and so on. Mourners should leave when the ceremony is over.
6. Mourners may greet others (hello and good-bye), but non-mourners should not greet mourners. Therefore, mourners should instigate the greeting to prevent others from greeting them first.

Clothing

1. Mourners may wear laundered clothing.
2. Mourners may not wear new clothes.
3. If a mourner needs to wear a new item of clothing, he or she should give it to someone else to wear for a few days first. If absolutely necessary, the new clothes can be worn by the other for only one day, or even on hour.

Business and Travel

1. Refrain from trading and business between countries for 30 days until a relative or friend tells you to resume.
2. Vacation and leisure travel are avoided for 30 days; mourners of parents refrain for 12 months.

Thirty-day Memorial

1. The tradition is to have a memorial service on the night of the 29th day from the burial. If the 30th day falls on a Saturday, it is moved to Thursday night.
2. The afternoon and evening services are usually conducted at the home of the deceased. Most of what occurs on the seventh day of *shiva* is repeated at this time.
3. For a deceased man, we study "*Vyehi*" or "*Acharei Mot.*" If the deceased is a woman, we study "*Hayyei Sarah.*"
4. We read the prayer that is recited after studying *Zohar*, "Please God" and then the rabbinic passage, "*Rabbi Elazar...*" Mourners only recite "*Kaddish al Israel.*"
5. We eat a festive meal, including a blessing for the bread and the grace after the meal.
6. The reader will bless the fruit of the vine over a glass of wine. After the blessing, he will pour a fourth (86 g) into a glass for himself and drink, and then poor the rest of the blessed wine into the larger portions to distribute to everyone.
7. A memorial prayer is recited over a glass of sugar water. The eldest son of the deceased (or closest male relative if there is no son) serves the reader the cup of sugar water.
8. At the end of memorial prayer, the eldest son will recite, "For everything exists by God's word" and drink from the sugar water, passing it to the rest of the mourners. Sugar water is then distributed to all the visitors. This is another symbol to assure the sweetness of the soul's assent.
9. The elder from the community begins a passage "All Israel have..." and the public continues with "*Yagdeel Torah.*" Mourners recite "*Kaddish al Israel.*"
10. A quorum of 10 (*minyan*) will stay to read the *Zohar* until midnight; after midnight they will read the Book of Psalms.
11. On the morning of the 30th day, mourners and guests visit the grave and conduct a memorial prayer and recite "*Kaddish Yea Shlama.*" We read the passage "*Open Elijah,*" the full Book of Psalms and passages of *Mishnah*. We conclude by reading parts from Psalms 119 that correspond with the letters of the deceased's Hebrew name and the word *neshama* (soul).

Ninety-day Memorial

1. The same process and rituals that occur on the 30th day are repeated on the 90th day.
2. This memorial is limited to the family, close friends and regular synagogue worshipers.
3. The cemetery is not visited.

Eleven Months Memorial

1. The memorial service is conducted before the 11-month anniversary, but no earlier than 10 ½ months.
2. This memorial is usually conducted on a Tuesday (the day God blessed the world twice).
3. The grave is visited on the eve of the memorial in the afternoon. The same process and rituals that occur on the 30th day are repeated at this time.
4. At the conclusion of the sugar water ceremony for the deceased, a blessing is made using natural fragrances (not bottled perfumes), such as myrtle, herbs or spices, similar to those used at the end of "*Havdallah*." This is for the participants to have a blessed and sweet life, putting the mourning period behind you.
5. Then we say the verse: "Grant us the blessings of the light, gladness, joy and honor " three times and the mourners recite "*Kaddish al Israel*."
6. Mourners stop saying "*Kaddish*" after 11 months from the date of the burial.

One Year Memorial

1. This memorial will be at the end of 12 months from the day of burial. The format of this memorial service is same as 90 days (no visit to the cemetery).
2. If the death was in a leap year, the memorial service will take place after 12 months, not a year later.

Annual Memorial Service (*Yahrzeit*)

1. After the evening prayer, everyone eats baked goods and fruits and will say many blessings. It is customary to read "*Open Elijah*."
2. Some have the memorial service at home and will study before dinner from the book called *Resting House*.
3. We read parts from Psalms 119 that correspond to the letters of the deceased's Hebrew name and the word *neshama* (soul).
4. The memorial prayer is recited.
5. Following the memorial prayer, some say the "*Michtam David*." Everyone recites "*Kol Israel*." Mourners recite "*Kaddish Al Israel*."

Dress Code

1. Women wear black and white. They may wear all black, all white or a combination.
2. Men wear a white *kippa*. Clothing color is not specified, but is generally bland or neutral colors.
3. Mourners of parents, siblings, children, and spouse wear these for 12 months (if there is *Adar B* they will wear neutral colors for 13 months).
4. If the deceased is a mother-in-law or father-in-law, this dress is observed for 11 months.
5. If the deceased is a brother-in-law or sister-in-law, this dress is observed for six months.
6. If the deceased are grandchildren, grandparents wear white clothes for six months.
7. If the deceased are nieces and nephews, this dress is observed for six months.
8. If the deceased are cousins, this dress is observed for three months.
9. If the deceased are cousins once removed, this dress is observed for one month.
10. Jewellery: It is customary that mourners do not wear jewellery at all. But because young Cochini women must wear a necklace, they are permitted to wear a thin chain. Married women may keep wearing their wedding rings.

About Shlomo:

Shlomo Mordechai was born on September 21, 1959, in the village of Chennamangalam, near Cochin, in the state of Kerala, India. When he was four years old, his family moved to the ancient Jewish settlement of Paravur. The fourth of six children and the first boy, he was raised in a traditional Jewish home, attending the Paravur Jewish Synagogue regularly with his father. In India, his original family name was Pallivathukal, which means "by the synagogue gate" in Malayalam, the language of Kerala. In 1948, when Israel became an independent nation, most Cochini Jews immigrated to Israel. While there was no anti-Semitism in India and many lived comfortably, they made *aliyah* as proud Zionists. Shlomo's family was one of the last to leave. He left with his two older sisters as part of *youth aliyah* in 1972. The rest of his family followed a year later, just prior to the Yom Kippur War. He attended a religious boarding school near Haifa and later served in the Israel Defense Forces as a paramedic in the Golani unit. As a reservist, he served in the second Lebanon War. He attended Tel Aviv University and received a bachelor's degree in mechanical engineering. In 1990, he visited his sister who had moved to the United States with her American husband. There he met his future bride, Ronni Strongin, and they married in 1992. They live on Long Island, New York, and have two children: Ilana and Benjamin, named for Shlomo's father.

The Cover Pictures:

The marble tombstone on the book cover (Hebrew) is located outside a recently restored synagogue in the picturesque Kerala hamlet of Chennamangalam. The date inscribed on it, in Hebrew, is the 28th of Kislev, corresponding to the year 1299 CE (making it one of the earliest recorded Jewish text in India). It marks the death of one Sarah, Daughter of Israel. The inscription, which is "perfectly decipherable is a quotation from Deuteronomy 32.4 and one that had not been recorded anywhere in the world". * It reads "Here rests Sarah Bat Israel, who died and joined her Creator", followed by the date. The tombstone is believed to have been brought to the village from the ancient Jewish settlement and port town of Cranganore (now Kodungalloor), after its destruction in a cataclysmic flood in the River Periyar in the 13th century. It was erected on a concrete base by the then Cochin government in 1936.

The pictures on both the front and back covers are of the Chennamangalam Synagogue, said to have been built over an older one in 1614 CE. This structure has now been restored by the Government of Kerala and houses a small exhibit about the area's Jewish community. The headstones on the back cover (English) are in the inner courtyard of the Paravur Synagogue, about 4 km. southwest of Chennamangalam.

* Mandelbaum, G. David, *The Jewish Way of Life in Cochin*, Jewish Social Studies, Vol. 1, No. 4 (Oct. 1939), pp 423-460. Indiana University Press: PressStable URL: http://www.jstor.org/stable/4464305 . Accessed: 25/04/2013 11:28.

המצא מנ
נכונה תח
בכנפי השכ
במעלות
וטהורים
הרקיע מ
את נשמת
בן פלוני,
לעולמו ב
)בן המש
נדב צדק
לזכרת נ
בגן עדן
מנ[illegible]תו.
בעל הרח
יסתירהו
כנפיו לע
ויצרור ב
החיים א
נשמתו. י
נחלתו ו
בשלום ע
משכבו, ו
אמן: אד
רחמים ש
במרומים
מנוחה נ
תחת כנפ
השכינה
במעלות
וטהורים
הרקיע מ
את נשמת
פלונית ב
פלונית ש
לעולמה,
א)בן המ
נדב צדק
לזכרת נ
בגן עדן
מנ[illegible]חה.
בעל הרח
יסתירה
כנפיו לע
ויצרור ב
החיים א
נשמתה י

למזכרת נצח

לע"נ הסבא היקר

ר' נחמיה חיים ז"ל

נלב"ע ביום ב, בתמוז ה'תשד"מ

לע"נ הסבתא היקרה

רבקה ז"ל

נלב"ע ביום ט"ו באב ה'תש"ד

אָזְכָּרַת שָׁנָה (יָאֵר- צָיִיט)

א. לְאַחַר תְּפִילַּת עַרְבִית, מְקַיְּמִים בִּרְכוֹת מְזוֹנוֹת, וּפֵירוֹת וכו'

ב. יֵשׁ נוֹהֲגִים לִקְרוֹא פֶּתַח אֵלִיָּהוּ עמ' **42**

ג. יֶשְׁנָם הַמְקַיְּמִים אֶת הָאַזְכָּרָה בְּבֵיתָם וְלוֹמְדִים לִפְנֵי הַסְּעוּדָה, בַּסֵּפֶר בֵּית מְנוּחָה.

ד. קוֹרְאִים אֶת שֵׁם הַנִּפְטָר בְּסֵדֶר אַלְפָּא-בֵּיתָא (טוֹב לְהוֹסִיף אוֹתִיּוֹת נ.ש.מ.ה)

ה. הַשְׁכָּבָה עמ' 23

ו. לְאַחַר הַהַשְׁכָּבָה יֵשׁ אוֹמְרִים מִכְתָּם לְדָוִד ואח"כ כָּל יִשְׂרָאֵל עמ' 41

ז. וְאוֹמְרִים קַדִּישׁ עַל יִשְׂרָאֵל

ביגוד ותקופת אבלות בהתהם לקירבה כמנהגינו

נשים תילבשנה לבוש מלא בשחור או שחור ולבן או לבן בלבד והגברים ילבשו כיפה לבנה.

הקירבה	תקופת אבלות	נשים	גברים
אב, אם, בעל, אישה, אח, אחות, בן או בת	12 חודשים מלא.	תילבשנה לבוש מלא בשחור או שחור ולבן או לבן בלבד אם שנה היא מעוברת בחודש ה 13 צבעים דלים לא צעקניים	כיפה לבנה
חותן, חותנת, חָתָן או כַּלָּה	11 חודשים אינם עושים קריעה	תילבשנה לבוש מלא בשחור או שחור ולבן או לבן בלבד	כיפה לבנה
נכדים	6 חודשים אינם עושים קריעה	תילבשנה לבוש מלא לבן בלבד	כיפה לבנה
גִיסים או גִיסות	6 חודשים אינם עושים קריעה	תילבשנה לבוש מלא לבן, לבן עם כחול או אפור	כיפה לבן עם אפור או לבן עם כחול
אַחְיָנִים או אַחְיָנִיּוֹת	6 חודשים אינם עושים קריעה	תילבשנה לבוש מלא לבן, לבן עם כחול או אפור	כיפה לבן עם אפור או לבן עם כחול
בן דוד\דודה או בת דוד\דודה	3 חודשים אינם עושים קריעה	תילבשנה לבוש מלא לבן, לבן עם כחול או אפור	כיפה לבן עם אפור או לבן עם כחול
שאר קרובים	חודש אינם עושים קריעה		
נושא התכשיטים. נהוג במעגל הראשון של אבלים לא לענוד תכשיטים בכלל . אך מכיוון שנשים צעירות "חייבות" לענוד שרשרת (וזה נוהג שגובר על הכול), מותר לענוד שרשרת דקה, גם אם הם במעגל ראשון.			

סֵדֶר אֲבֵלִים כְּמִנְהַג יְהוּדֵי קוֹצִ׳ין

אַזְכָּרַת שְׁנֵים עָשָׂר חֹדֶשׁ

א. אַזְכָּרָה זוֹ מְקַיְּמִים בְּתֹם שְׁנֵים עָשָׂר חֹדֶשׁ מִיּוֹם הַקְּבוּרָה, בְּמַתְכֹּנֶת אַזְכָּרַת תִּשְׁעִים יוֹם.

ב. אִם הַפְּטִירָה הָיְתָה בְּשָׁנָה מְעֻבֶּרֶת, הָאַזְכָּרָה תִּתְקַיֵּם לְאַחַר שְׁנֵים עָשָׂר חֹדֶשׁ, וְלֹא לְאַחַר שָׁנָה.

ג. אֵין עוֹלִים לְבֵית הַחַיִּים בְּאַזְכָּרָה זוֹ.

אַזְכָּרַת אֶחָד עָשָׂר חֹדֶשׁ

א. לְאַחַר שֶׁעָבְרוּ עֲשָׂרָה וַחֲצִי חוֹדָשִׁים מִיּוֹם הַקְּבוּרָה, עוֹרְכִים אַזְכָּרָה 11 חוֹדָשִׁים לִפְנֵי תּוֹם הַחֹדֶשׁ הַ–11.

ב. אַזְכָּרָה זוֹ עוֹרְכִים בְּיוֹם שְׁלִישִׁי, (לְסִימָן טוֹב, עַל שֵׁם הַנֶּאֱמַר פַּעֲמַיִים ' כִּי טוֹב ')

ג. כַּסֵּדֶר שֶׁמְּקַיְּמִים בְּאַזְכָּרַת הַשְּׁלֹשִׁים, מְקַיְּימִים גַּם בְּאַזְכָּרָה זוֹ.

ד. אַחֲרֵי הַהַשְׁכָּבָה וּלְאַחַר הַמַּיִם הַמְּתוּקִים, מְבָרְכִים עַל בְּשָׂמִים, וְרָאוּי עֲצֵי בְשָׂמִים (הֲדַס) אוֹ עִשְׂבֵי בְשָׂמִים וְלֹא בוֹשֶׂם הַנִּמְצָא בַּבַּקְבּוּקִים, מֵחֲשָׁשׁ בְּרָכָה לְבַטָּלָה.

ה. ואח"כ אוֹמְרִים אֶת הַפָּסוּק: " **לַיְּהוּדִים הָיְתָה אוֹרָה וְשִׂמְחָה וְשָׂשֹׂן וִיקָר** ", ג' פְּעָמַיִים וּלְאַחַר מִכֵּן אוֹמְרִים " כָּל יִשְׂרָאֵל וכו' ", וְקַדִּישׁ עַל יִשְׂרָאֵל. עמ' 37

ו. עוֹלִים לְבֵית הַחַיִּים בְּעֶרֶב הָאַזְכָּרָה, דְּהַיְנוּ אחה"צ שֶׁל עֶרֶב הָאַזְכָּרָה, וְעוֹרְכִים שָׁם לִימּוּד וְהַשְׁכָּבָה כְּסֵדֶר הַלִּימּוּד כְּיוֹם הַשְּׁלֹשִׁים.

ז. וּכְמוֹ בְּאַזְכָּרָה שֶׁל הַחֹדֶשׁ אַף כָּאן נָהֲגוּ לִקְרוֹא בַּזּוֹהַר עַד חֲצוֹת וּלְהַשְׁלִים סֵפֶר תְּהִלִּים.

ח. הָאֲבֵלִים מַפְסִיקִים לוֹמַר קַדִּישׁ לְאַחַר אַחַד עָשָׂר חֹדֶשׁ מְלֵאִים מִיּוֹם הַקְּבוּרָה.

אַזְכָּרַת תִּשְׁעִים יוֹם

א. כַּסֵּדֶר שֶׁכָּתוּב בְּאַזְכָּרַת שְׁלֹשִׁים מְקַיְּמִים, בְּאַזְכָּרַת הַתִּשְׁעִים, דְּהַיְנוּ בַּיּוֹם שְׁמוֹנִים וָתֵשַׁע בָּעֶרֶב.

ב. אַזְכָּרָה זוּ מְצֻמְצֶמֶת יוֹתֵר, לִבְנֵי הַמִּשְׁפָּחָה וְלַמִּתְפַּלְּלֵי בֵּית הַכְּנֶסֶת.

ג. אֵין עוֹלִים לְבֵית הַחַיִּים בְּאַזְכָּרַת זוּ.

סֵדֶר אֲבֵלִים כְּמִנְהַג יְהוּדֵי קוֹצִ׳ין

אַזְכָּרַת שְׁלֹשִׁים

א. נוֹהֲגִים לַעֲרֹךְ אַזְכָּרָה בְּלֵיל הַשְּׁלֹשִׁים מֵהַקְּבוּרָה דְּהַיְנוּ בַּיּוֹם הָעֶשְׂרִים וְתִשְׁעָה בָּעֶרֶב.

ב. מִתְפַּלְּלִים מִנְחָה וְעַרְבִית בְּבֵית הַנִּפְטָר / הַנִּפְטֶרֶת, יֵשׁ נוֹהֲגִים לְהִתְפַּלֵּל מִנְחָה וְעַרְבִית בְּבֵית הַכְּנֶסֶת.

ג. יֵשׁ נוֹהֲגִים לַעֲלוֹת לְבֵית הַחַיִּים בַּיּוֹם הָעֶשְׂרִים וַתֵּשַׁע אחה״צ, וְאָנוּ נוֹהֲגִים לַעֲלוֹת בַּיּוֹם הַשְּׁלֹשִׁים בַּבּוֹקֶר, וְעוֹרְכִים שָׁם לִימּוּד וְהַשְׁכָּבָה, וְקַדִּישׁ ״יְהֵא שְׁלָמָא״. – הַלִּימּוּד פֶּתַח אֵלִיָּהוּ, תְּהִלִּים וּמִשְׁנָיוֹת (אַלְפָּא בֵּיתָא – שֵׁם הַנִּפְטָר).

ד. לְאַחַר תְּפִלַּת עַרְבִית עוֹרְכִים לִימּוּד בְּסֵפֶר הַזּוֹהַר וּמִשְׁנָיוֹת, (הֶמְשֵׁךְ הַלִּימּוּד שֶׁעָרְכוּ לְאַחַר הַשִּׁבְעָה. לְגֶבֶר בְּפָרָשַׁת וַיְחִי, וְלְאִשָּׁה בְּפָרָשַׁת חַיֵּי שָׂרָה).

ה. לְאַחַר הַלִּימּוּד אוֹמְרִים ״ אָנָּא יְיָ ״ אָמַר ר׳ אֶלְעָזָר וכו׳ קַדִּישׁ עַל יִשְׂרָאֵל.

ו. מְקַיְּמִים סְעוּדַת מִצְוָה לְכָל הַצִּיבּוּר, כּוֹלֵל בִּרְכַּת הַמּוֹצִיא, וּבִרְכַּת הַמָּזוֹן.

ז. הַחַזָּן מְבָרֵךְ בִּרְכַּת הַמָּזוֹן, וּמְבָרֵךְ הַבּוֹרֵא פְּרִי הַגֶּפֶן עַל כּוֹס יַיִן, וְשׁוֹתֶה שִׁיעוּר רְבִיעִית (86 גר׳). וּמְחַלְּקִים לְכָל הַצִּיבּוּר.

ח. הַחַזָּן מְבָרֵךְ בְּרָכָה מֵעֵין שָׁלֹשׁ עַל הַיַּיִן, ״ עַל הַגֶּפֶן וְעַל פְּרִי הַגֶּפֶן ״.

ט. אוֹמְרִים הַשְׁכָּבָה עַל כּוֹס מַיִם עִם סוּכָּר, כְּשֶׁהַגָּדוֹל בְּבָנִים מַגִּישׁ לַחַזָּן אוֹ לָרַב אֶת הַכּוֹס הַמַּיִם.

י. בְּסִיּוּם הַהַשְׁכָּבָה הַבֵּן הַגָּדוֹל מְבָרֵךְ שֶׁהַכֹּל וְשׁוֹתֶה מֵהַמַּיִם וּמַעֲבִיר לִשְׁאָר הָאֲבֵלִים, וּלְאַחַר מִכֵּן לְכָל הַצִּיבּוּר.

יא. זְקַן הַצִּיבּוּר מַתְחִיל ״כָּל יִשְׂרָאֵל יֵשׁ לָהֶם וכו׳ .. וְהַצִּיבּוּר מַמְשִׁיכִים עַד יַגְדִּיל תּוֹרָה וְיַאְדִּיר, וְהָאֲבֵלִים אוֹמְרִים קַדִּישׁ עַל יִשְׂרָאֵל.

יב. אִם יוֹם הַשְּׁלֹשִׁים חָל בְּשַׁבָּת, מַקְדִּימִים אֶת הָאַזְכָּרָה לְיוֹם חֲמִישִׁי בָּעֶרֶב.

יג. נָהֲגוּ שֶׁלְּאַחַר אַזְכָּרָה זוֹ, נִשְׁאֲרוּ עֲשָׂרָה לִקְרוֹא בַּזּוֹהַר הַקָּדוֹשׁ עַד חֲצוֹת הַלַּיְלָה, וְאַחֲרֵי חֲצוֹת לִקְרוֹא סֵפֶר תְּהִלִּים .

סֵדֶר אֲבֵלִים כְּמִנְהַג יְהוּדֵי קוֹצִ׳ין

ב. הָאָבֵל אֵינוֹ לוֹבֵשׁ בְּגָדִים חֲדָשִׁים כָּל שְׁלֹשִׁים יוֹם.

ג. אִם זְקוּקִים הָאֲבֵלִים לִלְבֹּשׁ בֶּגֶד חָדָשׁ, יִתְּנוּ אוֹתוֹ לְאַחֵר שֶׁיִּלְבָּשׁ אוֹתוֹ כַּמָּה יָמִים.

ד. בִּשְׁעַת הַדֹּחַק אֶפְשַׁר לְהִסְתַּפֵּק בְּיוֹם אֶחָד, וּבְמִקְרִים מְיוּחָדִים מְאֹד אֲפִילוּ בְּשָׁעָה אַחַת.

מִסְחָר

ה. עַל כָּל הַמֵּתִים אֵינוֹ הוֹלֵךְ לְמִסְחָר לַמְּקוֹמוֹת רְחוֹקִים כָּל שְׁלֹשִׁים יוֹם, בְּאָבִיו וְאִמּוֹ עַד שֶׁיִּגְעֲרוּ בוֹ חֲבֵרָיו.

ו. יֵשׁ לְהִימָּנַע מִטִּיּוּלִים כָּל שְׁלֹשִׁים יוֹם, וְעַל אָבִיו וְאִמּוֹ שְׁנֵים עָשָׂר חֹדֶשׁ.

אֲבֵלוּת שְׁלֹשִׁים

מִדִּבְרֵי סוֹפְרִים שֶׁיִּהְיֶה הָאָבֵל נוֹהֵג בְּמִקְצָת דִּבְרֵי אֲבֵלוּת כָּל שְׁלֹשִׁים יוֹם... וְאֵלּוּ דְּבָרִים שֶׁהָאָבֵל אָסוּר בָּהֶן כָּל שְׁלֹשִׁים יוֹם אָסוּר בְּתִסְפֹּרֶת וּבְגִיהוּץ וּבְנִישּׂוּאִין וּבְשִׂמְחַת מֵרֵעוּת וְלֵילֵךְ בִּסְחוֹרָה מִמְּדִינָה לִמְדִינָה הַכֹּל חֲמִשָּׁה דְּבָרִים. (רמב"ם – הִלְכוֹת אֲבֵלוּת פ"ו הל' א'–ב')

תִּסְפֹּרֶת

א. שְׁלֹשִׁים יוֹם מֵהַקְּבוּרָה הָאָבֵל אֵינוֹ מִסְתַּפֵּר, מְסַדֵּר אֶת הַזָּקָן, אוֹ מְקַצֵּץ כָּל שֵׂעָר אַחֵר בַּגּוּף.
ב. הָאֲבֵלִים עַל אָב וָאֵם אֵין מִסְתַּפְּרִים וּמִתְגַּלְּחִים אֶלָּא עַד שֶׁיִּגְעֲרוּ בּוֹ חֲבֵרָיו, הַמִּנְהָג הוּא לְהַמְתִּין יוֹמַיִים שְׁלוֹשָׁה וְאָז לְהִסְתַּפֵּר.
ג. בְּקוֹצִ'ין הִקְפִּידוּ הַבָּנִים לֹא לְהִסְתַּפֵּר וּלְהִתְגַּלֵּחַ בְּמֶשֶׁךְ 11 חֹדֶשׁ.
ד. אִישָּׁה נְשׂוּאָה יְכוֹלָה לְהוֹרִיד שֵׂעָר מִכָּל מָקוֹם בַּגּוּף מִיַּד אַחֲרֵי הַשִּׁבְעָה. (ס' שפ"א ס"ו)
ה. אִישָּׁה נְשׂוּאָה יְכוֹלָה לְהִתְאַפֵּר מִיַּד אַחֲרֵי הַשִּׁבְעָה, כְּדֵי שֶׁלֹּא תִּתְגַּנֶּה עַל בַּעֲלָהּ. (שם)
ו. הָאָבֵל אֵינוֹ מְקַצֵּץ צִיפּוֹרְנַיִם בְּקוֹצֵץ אוֹ בְּמִסְפָּרַיִם כֹּל שְׁלֹשִׁים יוֹם.
ז. אִישָּׁה הַצְּרִיכָה לִטְבֹּל בְּתוֹךְ הַשְּׁלֹשִׁים, תְּבַקֵּשׁ מֵחֲבֵרְתָּהּ שֶׁתְּקַצּוֹץ לָהּ אֶת הַצִּיפּוֹרְנַיִם.
ח. אִם יֵשׁ לָהּ צַעַר גָּדוֹל לְבַקֵּשׁ מֵאֲחֵרוֹת לְקַצֵּץ לָהּ, תְּקַצֵּץ אוֹתָם בְּעַצְמָהּ.

נִשּׂוּאִים וְשִׂמְחַת מֵרֵעוּת

א. אֵין מַרְבִּים בְּשִׂמְחָה שְׁלֹשִׁים יוֹם מֵהַקְּבוּרָה, כְּגוֹן: לִשְׁמוֹעַ שִׁירִים עִם מוּזִיקָה מֵהָרַדְיוֹ, תַּקְלִיטוֹרִים וְקַלָּטוֹת (עַל אָב וָאֵם אָסוּר עַד 12 חֹדֶשׁ).
ב. הָאָבֵל אֵינוֹ מִתְחַתֵּן, אוֹ מִשְׁתַּתֵּף בְּשִׂמְחַת נִשּׂוּאִים שֶׁל אֲחֵרִים שְׁלֹשִׁים יוֹם, אֲפִילוּ אֵינוֹ מִשְׁתַּתֵּף בַּסְּעוּדָה, אֶלָּא בָּא רַק לִשְׁמוֹעַ אֶת הַבְּרָכוֹת.
ג. אָבֵל בְּתוֹךְ שְׁלֹשִׁים שֶׁמַּשִּׂיא אֶת בְּנוֹ, בִּתּוֹ, נֶכְדּוֹ אוֹ נֶכְדָּתוֹ. אִם יֵשׁ לְזוּג עָגְמַת נֶפֶשׁ אִם לֹא יִשְׁתַּתֵּף בַּחֲתֻנָּה, רַשַּׁאי לְהִשְׁתַּתֵּף בִּבְרָכוֹת וְגַם בַּסְּעוּדָה. וְטוֹב שֶׁיְּשָׁרְתוּ אֶת הָאוֹרְחִים שֶׁבָּאוּ לִסְעוּדָה.
ד. אֲבֵלִים בְּתוֹךְ שְׁלֹשִׁים יוֹם רַשָּׁאִים לְהִשְׁתַּתֵּף בַּחֲתֻנַּת אַחִים, אֲחָיוֹת, אַחְיָינִים, אַחְיָינִיּוֹת, אוֹ קָרוֹב מִשְׁפָּחָה אַחֵר שֶׁאֵינוֹ בֵּן, בַּת, נֶכֶד, נֶכְדָּה, בִּתְנָאִים הַבָּאִים:
   1. אִם יֵשׁ צַעַר גָּדוֹל וְעָגְמַת נֶפֶשׁ לְזוּג אִם לֹא יִשְׁתַּתְּפוּ.
   2. שֶׁיְּשָׁרְתוּ אֶת הָאוֹרְחִים שֶׁבָּאוּ לִסְעוּדָה.
   3. יִסְעֲדוּ בִּפְנֵי עַצְמָם.
   4. יְקַצְּרוּ אֶת שְׁהִיָּתָם בַּחֲתֻנָּה.
   5. יֵצְאוּ בִּזְמַן שֶׁהַתִּזְמוֹרֶת מְנַגֶּנֶת.

ה. כָּל שְׁלֹשִׁים יוֹם, הָאָבֵל אֵינוֹ אוֹכֵל בִּסְעוּדַת בְּרִית מִילָה, פִּדְיוֹן הַבֵּן, חֲנֻכַּת בַּיִת, בַּר מִצְוָה, שִׁידּוּכִים, סִיּוּם מַסֶּכֶת, וכד'. אַךְ מֻתָּר לוֹ לִהְיוֹת בִּזְמַן הַבְּרִית, פִּדְיוֹן, וכו' וְיוֹצֵא מִיָּד אַחַר כָּךְ.
ו. אַחֲרֵי הַשִּׁבְעָה מוּתָּר לְאָבֵל לוֹמַר שָׁלוֹם לְכָל אָדָם, אֲבָל לַאֲחֵרִים אָסוּר לוֹמַר לוֹ שָׁלוֹם, לָכֵן כְּדַאי שֶׁיַּקְדִּים הָאָבֵל שָׁלוֹם לְכֻלָּם, כְּדֵי שֶׁלֹּא יִטְעוּ וִיבָרְכוּהוּ בְּשָׁלוֹם.

גִּיהוּץ

א. אַחֲרֵי הַשִּׁבְעָה יְכוֹלִים הָאֲבֵלִים לִלְבֹּשׁ בְּגָדִים מְכוּבָּסִים וּמְגוֹהָצִים.

סֵדֶר אֲבֵלִים כְּמִנְהַג יְהוּדֵי קוֹצִ׳ין

מִכְתָּם לְדָוִד: שָׁמְרֵנִי אֵל, כִּי חָסִיתִי בָךְ. אָמַרְתְּ לַיהוָה, אֲדֹנָי אָתָּה; טוֹבָתִי, בַּל עָלֶיךָ. לִקְדוֹשִׁים, אֲשֶׁר בָּאָרֶץ הֵמָּה; וְאַדִּירֵי, כָּל חֶפְצִי בָם. יִרְבּוּ עַצְּבוֹתָם, אַחֵר מָהָרוּ: בַּל אַסִּיךְ נִסְכֵּיהֶם מִדָּם; וּבַל אֶשָּׂא אֶת שְׁמוֹתָם, עַל שְׂפָתָי. יְיָ, מְנָת חֶלְקִי וְכוֹסִי אַתָּה, תּוֹמִיךְ גּוֹרָלִי. חֲבָלִים נָפְלוּ לִי, בַּנְּעִמִים; אַף נַחֲלָת, שָׁפְרָה עָלָי. אֲבָרֵךְ אֶת יְיָ, אֲשֶׁר יְעָצָנִי; אַף לֵילוֹת, יִסְּרוּנִי כִלְיוֹתָי. שִׁוִּיתִי יְיָ לְנֶגְדִּי תָמִיד: כִּי מִימִינִי, בַּל אֶמּוֹט. לָכֵן, שָׂמַח לִבִּי וַיָּגֶל כְּבוֹדִי; אַף בְּשָׂרִי, יִשְׁכֹּן לָבֶטַח. כִּי, לֹא תַעֲזֹב נַפְשִׁי לִשְׁאוֹל; לֹא תִתֵּן חֲסִידְךָ, לִרְאוֹת שָׁחַת. תּוֹדִיעֵנִי, אֹרַח חַיִּים: שֹׂבַע שְׂמָחוֹת, אֶת פָּנֶיךָ; נְעִמוֹת בִּימִינְךָ נֶצַח.

מִי שֶׁבֵּרַךְ לְגֶבֶר

מִי שֶׁבֵּרַךְ אֲבוֹתֵינוּ אַבְרָהָם יִצְחָק וְיַעֲקֹב מֹשֶׁה וְאַהֲרֹן דָּוִד וּשְׁלֹמֹה, הוּא יְבָרֵךְ אֶת (פְּלוֹנִי בֶּן פְּלוֹנִי וּפְלוֹנִית,) לִמְנוּחַת נֶפֶשׁ הַנִּפְטָר שֶׁיִּנָּדֵב לְקֹדֶשׁ ..... מַלְכָּא דְעָלְמָא הוּא יְבָרֵךְ יָתֵיהּ וְיִזְכֶּה יָתֵיהּ וְיִשְׁמַע בְּקַל צְלוֹתֵיהּ, וְכֵן יְהִי רָצוֹן וְנֹאמַר אָמֵן.

מִי שֶׁבֵּרַךְ לְאִשָּׁה

מִי שֶׁבֵּרַךְ אִמּוֹתֵינוּ שָׂרָה רִבְקָה רָחֵל וְלֵאָה וּמִרְיָם הַנְּבִיאָה וַאֲבִיגַיִל וְאֶסְתֵּר הַמַּלְכָּה בַּת אֲבִיחַיִל הוּא יְבָרֵךְ אֶת (פְּלוֹנִית בַּת פְּלוֹנִי וּפְלוֹנִית,) לִמְנוּחַת נֶפֶשׁ הַנִּפְטֶרֶת שֶׁתִּנָּדֵב לַקֹּדֶשׁ ...... מַלְכָּא דְעָלְמָא הוּא יְבָרֵךְ יָתָהּ וְיִזְכֶּה יָתָהּ וְיִשְׁמַע בְּקַל צְלוֹתָהּ, וְכֵן יְהִי רָצוֹן וְנֹאמַר אָמֵן

סֵדֶר אֲבֵלִים כְּמִנְהַג יְהוּדֵי קוֹצִ׳ין

צַדִּיק אַתָּה יְיָ וְיָשָׁר מִשְׁפָּטֶיךָ: (קלח) צִוִּיתָ צֶדֶק עֵדֹתֶיךָ וֶאֱמוּנָה מְאֹד: (קלט) צִמְּתַתְנִי קִנְאָתִי כִּי שָׁכְחוּ דְבָרֶיךָ צָרָי: (קמ) צְרוּפָה אִמְרָתְךָ מְאֹד וְעַבְדְּךָ אֲהֵבָהּ: (קמא) צָעִיר אָנֹכִי וְנִבְזֶה פִּקֻּדֶיךָ לֹא שָׁכָחְתִּי: (קמב) צִדְקָתְךָ צֶדֶק לְעוֹלָם וְתוֹרָתְךָ אֱמֶת: (קמג) צַר וּמָצוֹק מְצָאוּנִי מִצְוֹתֶיךָ שַׁעֲשֻׁעָי: (קמד) צֶדֶק עֵדְוֹתֶיךָ לְעוֹלָם הֲבִינֵנִי וְאֶחְיֶה:

קָרָאתִי בְכָל לֵב עֲנֵנִי יְיָ חֻקֶּיךָ אֶצֹּרָה: (קמו) קְרָאתִיךָ הוֹשִׁיעֵנִי וְאֶשְׁמְרָה עֵדֹתֶיךָ: (קמז) קִדַּמְתִּי בַנֶּשֶׁף וָאֲשַׁוֵּעָה לִדְבָרְךָ יִחָלְתִּי: (קמח) קִדְּמוּ עֵינַי אַשְׁמֻרוֹת לָשִׂיחַ בְּאִמְרָתֶךָ: (קמט) קוֹלִי שִׁמְעָה כְחַסְדֶּךָ יְיָ כְּמִשְׁפָּטֶךָ חַיֵּנִי: (קנ) קָרְבוּ רֹדְפֵי זִמָּה מִתּוֹרָתְךָ רָחָקוּ: (קנא) קָרוֹב אַתָּה יְיָ וְכָל מִצְוֹתֶיךָ אֱמֶת: (קנב) קֶדֶם יָדַעְתִּי מֵעֵדֹתֶיךָ כִּי לְעוֹלָם יְסַדְתָּם:

רְאֵה עָנְיִי וְחַלְּצֵנִי כִּי תוֹרָתְךָ לֹא שָׁכָחְתִּי: (קנד) רִיבָה רִיבִי וּגְאָלֵנִי לְאִמְרָתְךָ חַיֵּנִי: (קנה) רָחוֹק מֵרְשָׁעִים יְשׁוּעָה כִּי חֻקֶּיךָ לֹא דָרָשׁוּ: (קנו) רַחֲמֶיךָ רַבִּים יְיָ כְּמִשְׁפָּטֶיךָ חַיֵּנִי: (קנז) רַבִּים רֹדְפַי וְצָרָי מֵעֵדְוֹתֶיךָ לֹא נָטִיתִי: (קנח) רָאִיתִי בֹגְדִים וָאֶתְקוֹטָטָה אֲשֶׁר אִמְרָתְךָ לֹא שָׁמָרוּ: (קנט) רְאֵה כִּי פִקּוּדֶיךָ אָהָבְתִּי יְיָ כְּחַסְדְּךָ חַיֵּנִי: (קס) רֹאשׁ דְּבָרְךָ אֱמֶת וּלְעוֹלָם כָּל מִשְׁפַּט צִדְקֶךָ:

שָׂרִים רְדָפוּנִי חִנָּם וּמִדְּבָרְךָ פָּחַד לִבִּי: (קסב) שָׂשׂ אָנֹכִי עַל אִמְרָתֶךָ כְּמוֹצֵא שָׁלָל רָב: (קסג) שֶׁקֶר שָׂנֵאתִי וָאֲתַעֵבָה תּוֹרָתְךָ אָהָבְתִּי: (קסד) שֶׁבַע בַּיּוֹם הִלַּלְתִּיךָ עַל מִשְׁפְּטֵי צִדְקֶךָ: (קסה) שָׁלוֹם רָב לְאֹהֲבֵי תוֹרָתֶךָ וְאֵין לָמוֹ מִכְשׁוֹל: (קסו) שִׂבַּרְתִּי לִישׁוּעָתְךָ יְיָ וּמִצְוֹתֶיךָ עָשִׂיתִי: (קסז) שָׁמְרָה נַפְשִׁי עֵדֹתֶיךָ וָאֹהֲבֵם מְאֹד: (קסח) שָׁמַרְתִּי פִקּוּדֶיךָ וְעֵדֹתֶיךָ כִּי כָל דְּרָכַי נֶגְדֶּךָ:

תִּקְרַב רִנָּתִי לְפָנֶיךָ יְיָ כִּדְבָרְךָ הֲבִינֵנִי: (קע) תָּבוֹא תְחִנָּתִי לְפָנֶיךָ כְּאִמְרָתְךָ הַצִּילֵנִי: (קעא) תַּבַּעְנָה שְׂפָתַי תְּהִלָּה כִּי תְלַמְּדֵנִי חֻקֶּיךָ: (קעב) תַּעַן לְשׁוֹנִי אִמְרָתֶךָ כִּי כָל מִצְוֹתֶיךָ צֶּדֶק: (קעג) תְּהִי יָדְךָ לְעָזְרֵנִי כִּי פִקּוּדֶיךָ בָחָרְתִּי: (קעד) תָּאַבְתִּי לִישׁוּעָתְךָ יְיָ וְתוֹרָתְךָ שַׁעֲשֻׁעָי: (קעה) תְּחִי נַפְשִׁי וּתְהַלְלֶךָּ וּמִשְׁפָּטֶךָ יַעְזְרֻנִי: (קעו) תָּעִיתִי כְּשֶׂה אֹבֵד בַּקֵּשׁ עַבְדֶּךָ כִּי מִצְוֹתֶיךָ לֹא שָׁכָחְתִּי:

קוֹרְאִים לְבְסוֹף אָנָא יְיָ (עמ׳)הַשְׁכָּבָה (עמ׳)וְהַאֲבֵלִים אוֹמְרִים קַדִּישׁ עַל יִשְׂרָאֵל.

לְאַחַר שֶׁיּוֹצְאִים מִבֵּית הַקְּבָרוֹת יָסִירוּ אֶת הָעִיטּוּף מֵעַל רֹאשׁ הָאָבֵל.

לֹא יָבוֹא עוֹד שִׁמְשֵׁךְ וִירֵחֵךְ לֹא יֵאָסֵף כִּי יְיָ יִהְיֶה לָּךְ לְאוֹר עוֹלָם וְשָׁלְמוּ יְמֵי אֶבְלֵךְ. וּכְתִיב כְּאִישׁ אֲשֶׁר אִמּוֹ תְּנַחֲמֶנּוּ כֵּן אָנֹכִי אֲנַחֶמְכֶם וּבִירוּשָׁלַיִם תְּנֻחָמוּ.

יֵשׁ אוֹמְרִים לְאַחַר הַהַשְׁכָּבָה תְּהִלִּים פֶּרֶק ט״ז

סֵדֶר אֲבֵלִים כְּמִנְהַג יְהוּדֵי קוֹצִ׳ין

לְעוֹלָם יְיָ דְּבָרְךָ נִצָּב בַּשָּׁמָיִם: (צ) לְדֹר וָדֹר אֱמוּנָתֶךָ כּוֹנַנְתָּ אֶרֶץ וַתַּעֲמֹד: (צא) לְמִשְׁפָּטֶיךָ עָמְדוּ הַיּוֹם כִּי הַכֹּל עֲבָדֶיךָ: (צב) לוּלֵי תוֹרָתְךָ שַׁעֲשֻׁעָי אָז אָבַדְתִּי בְעָנְיִי: (צג) לְעוֹלָם לֹא אֶשְׁכַּח פִּקּוּדֶיךָ כִּי בָם חִיִּיתָנִי: (צד) לְךָ אֲנִי הוֹשִׁיעֵנִי כִּי פִקּוּדֶיךָ דָרָשְׁתִּי: (צה) לִי קִוּוּ רְשָׁעִים לְאַבְּדֵנִי עֵדֹתֶיךָ אֶתְבּוֹנָן: (צו) לְכָל תִּכְלָה רָאִיתִי קֵץ רְחָבָה מִצְוָתְךָ מְאֹד:

מָה אָהַבְתִּי תוֹרָתֶךָ כָּל הַיּוֹם הִיא שִׂיחָתִי: (צח) מֵאֹיְבַי תְּחַכְּמֵנִי מִצְוֹתֶךָ כִּי לְעוֹלָם הִיא לִי: (צט) מִכָּל מְלַמְּדַי הִשְׂכַּלְתִּי כִּי עֵדְוֹתֶיךָ שִׂיחָה לִי: (ק) מִזְּקֵנִים אֶתְבּוֹנָן כִּי פִקּוּדֶיךָ נָצָרְתִּי: (קא) מִכָּל אֹרַח רָע כָּלִאתִי רַגְלָי לְמַעַן אֶשְׁמֹר דְּבָרֶךָ: (קב) מִמִּשְׁפָּטֶיךָ לֹא סָרְתִּי כִּי אַתָּה הוֹרֵתָנִי: (קג) מַה נִּמְלְצוּ לְחִכִּי אִמְרָתֶךָ מִדְּבַשׁ לְפִי: (קד) מִפִּקּוּדֶיךָ אֶתְבּוֹנָן עַל כֵּן שָׂנֵאתִי כָּל אֹרַח שָׁקֶר:

נֵר לְרַגְלִי דְבָרֶךָ וְאוֹר לִנְתִיבָתִי: (קו) נִשְׁבַּעְתִּי וָאֲקַיֵּמָה לִשְׁמֹר מִשְׁפְּטֵי צִדְקֶךָ: (קז) נַעֲנֵיתִי עַד מְאֹד יְיָ חַיֵּנִי כִדְבָרֶךָ: (קח) נִדְבוֹת פִּי רְצֵה נָא יְיָ וּמִשְׁפָּטֶיךָ לַמְּדֵנִי: (קט) נַפְשִׁי בְכַפִּי תָמִיד וְתוֹרָתְךָ לֹא שָׁכָחְתִּי: (קי) נָתְנוּ רְשָׁעִים פַּח לִי וּמִפִּקּוּדֶיךָ לֹא תָעִיתִי: (קיא) נָחַלְתִּי עֵדְוֹתֶיךָ לְעוֹלָם כִּי שְׂשׂוֹן לִבִּי הֵמָּה: (קיב) נָטִיתִי לִבִּי לַעֲשׂוֹת חֻקֶּיךָ לְעוֹלָם עֵקֶב:

סֵעֲפִים שָׂנֵאתִי וְתוֹרָתְךָ אָהָבְתִּי: (קיד) סִתְרִי וּמָגִנִּי אָתָּה לִדְבָרְךָ יִחָלְתִּי: (קטו) סוּרוּ מִמֶּנִּי מְרֵעִים וְאֶצְּרָה מִצְוֹת אֱלֹהָי: (קטז) סָמְכֵנִי כְאִמְרָתְךָ וְאֶחְיֶה וְאַל תְּבִישֵׁנִי מִשִּׂבְרִי: (קיז) סְעָדֵנִי וְאִוָּשֵׁעָה וְאֶשְׁעָה בְחֻקֶּיךָ תָמִיד: (קיח) סָלִיתָ כָּל שׁוֹגִים מֵחֻקֶּיךָ כִּי שֶׁקֶר תַּרְמִיתָם: (קיט) סִגִים הִשְׁבַּתָּ כָל רִשְׁעֵי אָרֶץ לָכֵן אָהַבְתִּי עֵדֹתֶיךָ: (קכ) סָמַר מִפַּחְדְּךָ בְשָׂרִי וּמִמִּשְׁפָּטֶיךָ יָרֵאתִי:

עָשִׂיתִי מִשְׁפָּט וָצֶדֶק בַּל תַּנִּיחֵנִי לְעֹשְׁקָי: (קכב) עֲרֹב עַבְדְּךָ לְטוֹב אַל יַעַשְׁקֻנִי זֵדִים: (קכג) עֵינַי כָּלוּ לִישׁוּעָתֶךָ וּלְאִמְרַת צִדְקֶךָ: (קכד) עֲשֵׂה עִם עַבְדְּךָ כְחַסְדֶּךָ וְחֻקֶּיךָ לַמְּדֵנִי: (קכה) עַבְדְּךָ אָנִי הֲבִינֵנִי וְאֵדְעָה עֵדֹתֶיךָ: (קכו) עֵת לַעֲשׂוֹת לַיהוָה הֵפֵרוּ תּוֹרָתֶךָ: (קכז) עַל כֵּן אָהַבְתִּי מִצְוֹתֶיךָ מִזָּהָב וּמִפָּז: (קכח) עַל כֵּן כָּל פִּקּוּדֵי כֹל יִשָּׁרְתִּי כָּל אֹרַח שֶׁקֶר שָׂנֵאתִי:

פְּלָאוֹת עֵדְוֹתֶיךָ עַל כֵּן נְצָרָתַם נַפְשִׁי: (קל) פֵּתַח דְּבָרֶיךָ יָאִיר מֵבִין פְּתָיִים: (קלא) פִּי פָעַרְתִּי וָאֶשְׁאָפָה כִּי לְמִצְוֹתֶיךָ יָאָבְתִּי: (קלב) פְּנֵה אֵלַי וְחָנֵּנִי כְּמִשְׁפָּט לְאֹהֲבֵי שְׁמֶךָ: (קלג) פְּעָמַי הָכֵן בְּאִמְרָתֶךָ וְאַל תַּשְׁלֶט בִּי כָל אָוֶן: (קלד) פְּדֵנִי מֵעֹשֶׁק אָדָם וְאֶשְׁמְרָה פִּקּוּדֶיךָ: (קלה) פָּנֶיךָ הָאֵר בְּעַבְדֶּךָ וְלַמְּדֵנִי אֶת חֻקֶּיךָ: (קלו) פַּלְגֵי מַיִם יָרְדוּ עֵינָי עַל לֹא שָׁמְרוּ תוֹרָתֶךָ:

סֵדֶר אֲבֵלִים כְּמִנְהַג יְהוּדֵי קוֹצִ׳ין

וִיבֹאֻנִי חֲסָדֶךָ יְיָ תְּשׁוּעָתְךָ כְּאִמְרָתֶךָ: (מב) וְאֶעֱנֶה חֹרְפִי דָבָר כִּי בָטַחְתִּי בִּדְבָרֶךָ: (מג) וְאַל תַּצֵּל מִפִּי דְבַר אֱמֶת עַד מְאֹד כִּי לְמִשְׁפָּטֶךָ יִחָלְתִּי: (מד) וְאֶשְׁמְרָה תוֹרָתְךָ תָמִיד לְעוֹלָם וָעֶד: (מה) וְאֶתְהַלְּכָה בָרְחָבָה כִּי פִקֻּדֶיךָ דָרָשְׁתִּי: (מו) וַאֲדַבְּרָה בְעֵדֹתֶיךָ נֶגֶד מְלָכִים וְלֹא אֵבוֹשׁ: (מז) וְאֶשְׁתַּעֲשַׁע בְּמִצְוֹתֶיךָ אֲשֶׁר אָהָבְתִּי: (מח) וְאֶשָּׂא כַפַּי אֶל מִצְוֹתֶיךָ אֲשֶׁר אָהָבְתִּי וְאָשִׂיחָה בְחֻקֶּיךָ:

זְכֹר דָּבָר לְעַבְדֶּךָ עַל אֲשֶׁר יִחַלְתָּנִי: (נ) זֹאת נֶחָמָתִי בְעָנְיִי כִּי אִמְרָתְךָ חִיָּתְנִי: (נא) זֵדִים הֱלִיצֻנִי עַד מְאֹד מִתּוֹרָתְךָ לֹא נָטִיתִי: (נב) זָכַרְתִּי מִשְׁפָּטֶיךָ מֵעוֹלָם יְיָ וָאֶתְנֶחָם: (נג) זַלְעָפָה אֲחָזַתְנִי מֵרְשָׁעִים עֹזְבֵי תּוֹרָתֶךָ: (נד) זְמִרוֹת הָיוּ לִי חֻקֶּיךָ בְּבֵית מְגוּרָי: (נה) זָכַרְתִּי בַלַּיְלָה שִׁמְךָ יְיָ וָאֶשְׁמְרָה תּוֹרָתֶךָ: (נו) זֹאת הָיְתָה לִּי כִּי פִקֻּדֶיךָ נָצָרְתִּי:

חֶלְקִי יְיָ אָמַרְתִּי לִשְׁמֹר דְּבָרֶיךָ: (נח) חִלִּיתִי פָנֶיךָ בְכָל לֵב חָנֵּנִי כְּאִמְרָתֶךָ: (נט) חִשַּׁבְתִּי דְרָכָי וָאָשִׁיבָה רַגְלַי אֶל עֵדֹתֶיךָ: (ס) חַשְׁתִּי וְלֹא הִתְמַהְמָהְתִּי לִשְׁמֹר מִצְוֹתֶיךָ: (סא) חֶבְלֵי רְשָׁעִים עִוְּדֻנִי תּוֹרָתְךָ לֹא שָׁכָחְתִּי: (סב) חֲצוֹת לַיְלָה אָקוּם לְהוֹדוֹת לָךְ עַל מִשְׁפְּטֵי צִדְקֶךָ: (סג) חָבֵר אָנִי לְכָל אֲשֶׁר יְרֵאוּךָ וּלְשֹׁמְרֵי פִּקּוּדֶיךָ: (סד) חַסְדְּךָ יְיָ מָלְאָה הָאָרֶץ חֻקֶּיךָ לַמְּדֵנִי:

טוֹב עָשִׂיתָ עִם עַבְדְּךָ יְיָ כִּדְבָרֶךָ: (סו) טוּב טַעַם וָדַעַת לַמְּדֵנִי כִּי בְמִצְוֹתֶיךָ הֶאֱמָנְתִּי: (סז) טֶרֶם אֶעֱנֶה אֲנִי שֹׁגֵג וְעַתָּה אִמְרָתְךָ שָׁמָרְתִּי: (סח) טוֹב אַתָּה וּמֵטִיב לַמְּדֵנִי חֻקֶּיךָ: (סט) טָפְלוּ עָלַי שֶׁקֶר זֵדִים אֲנִי בְּכָל לֵב אֱצֹּר פִּקּוּדֶיךָ: (ע) טָפַשׁ כַּחֵלֶב לִבָּם אֲנִי תּוֹרָתְךָ שִׁעֲשָׁעְתִּי: (עא) טוֹב לִי כִי עֻנֵּיתִי לְמַעַן אֶלְמַד חֻקֶּיךָ: (עב) טוֹב לִי תוֹרַת פִּיךָ מֵאַלְפֵי זָהָב וָכָסֶף:

יָדֶיךָ עָשׂוּנִי וַיְכוֹנְנוּנִי הֲבִינֵנִי וְאֶלְמְדָה מִצְוֹתֶיךָ: (עד) יְרֵאֶיךָ יִרְאוּנִי וְיִשְׂמָחוּ כִּי לִדְבָרְךָ יִחָלְתִּי: (עה) יָדַעְתִּי יְיָ כִּי צֶדֶק מִשְׁפָּטֶיךָ וֶאֱמוּנָה עִנִּיתָנִי: (עו) יְהִי נָא חַסְדְּךָ לְנַחֲמֵנִי כְּאִמְרָתְךָ לְעַבְדֶּךָ: (עז) יְבֹאוּנִי רַחֲמֶיךָ וְאֶחְיֶה כִּי תוֹרָתְךָ שַׁעֲשֻׁעָי: (עח) יֵבֹשׁוּ זֵדִים כִּי שֶׁקֶר עִוְּתוּנִי אֲנִי אָשִׂיחַ בְּפִקּוּדֶיךָ: (עט) יָשׁוּבוּ לִי יְרֵאֶיךָ וְיֹדְעֵי עֵדֹתֶיךָ: (פ) יְהִי לִבִּי תָמִים בְּחֻקֶּיךָ לְמַעַן לֹא אֵבוֹשׁ:

כָּלְתָה לִתְשׁוּעָתְךָ נַפְשִׁי לִדְבָרְךָ יִחָלְתִּי: (פב) כָּלוּ עֵינַי לְאִמְרָתֶךָ לֵאמֹר מָתַי תְּנַחֲמֵנִי: (פג) כִּי הָיִיתִי כְּנֹאד בְּקִיטוֹר חֻקֶּיךָ לֹא שָׁכָחְתִּי: (פד) כַּמָּה יְמֵי עַבְדֶּךָ מָתַי תַּעֲשֶׂה בְרֹדְפַי מִשְׁפָּט: (פה) כָּרוּ לִי זֵדִים שִׁיחוֹת אֲשֶׁר לֹא כְתוֹרָתֶךָ: (פו) כָּל מִצְוֹתֶיךָ אֱמוּנָה שֶׁקֶר רְדָפוּנִי עָזְרֵנִי: (פז) כִּמְעַט כִּלּוּנִי בָאָרֶץ וַאֲנִי לֹא עָזַבְתִּי פִקֻּדֶיךָ: (פח) כְּחַסְדְּךָ חַיֵּנִי וְאֶשְׁמְרָה עֵדוּת פִּיךָ:

ט"ל, אֶלָּא אוֹת יוּ"ד אוֹת הֵ"א וְאוֹת וָא"ו דִּסְלִיקוּ אַתְוָן לְחֻשְׁבַּן טָ"ל. דְּאִיהִי מַלְיָא לִשְׁכִינְתָּא מִנְּבִיעוּ דְּכָל מְקוֹרִין עִלָּאִין.
מִיַּד קָם רַעְיָא מְהֵימְנָא וַאֲבָהָן קַדִּישִׁין עִמֵּיהּ.
עַד כָּאן רָזָא דְיִחוּדָא. בָּרוּךְ ה' לְעוֹלָם אָמֵן וְאָמֵן:

מְסַדְּרִים אֶת הַקְּרִיאָה כְּסֵדֶר שֵׁם הַנִּפְטָר/ת לְפִי סֵדֶר אוֹתִיּוֹת וְיוֹסִיפוּ בְּסוֹף הַשֵּׁם, אֶת אוֹתִיּוֹת נ.ש.מ.ה.

אַשְׁרֵי תְמִימֵי דָרֶךְ הַהֹלְכִים בְּתוֹרַת יְיָ: (ב) אַשְׁרֵי נֹצְרֵי עֵדֹתָיו בְּכָל לֵב יִדְרְשׁוּהוּ: (ג) אַף לֹא פָעֲלוּ עַוְלָה בִּדְרָכָיו הָלָכוּ: (ד) אַתָּה צִוִּיתָה פִקֻּדֶיךָ לִשְׁמֹר מְאֹד: (ה) אַחֲלַי יִכֹּנוּ דְרָכָי לִשְׁמֹר חֻקֶּיךָ: (ו) אָז לֹא אֵבוֹשׁ בְּהַבִּיטִי אֶל כָּל מִצְוֺתֶיךָ: (ז) אוֹדְךָ בְּיֹשֶׁר לֵבָב בְּלָמְדִי מִשְׁפְּטֵי צִדְקֶךָ: (ח) אֶת חֻקֶּיךָ אֶשְׁמֹר אַל תַּעַזְבֵנִי עַד מְאֹד:

בַּמֶּה יְזַכֶּה נַּעַר אֶת אָרְחוֹ לִשְׁמֹר כִּדְבָרֶךָ: (י) בְּכָל לִבִּי דְרַשְׁתִּיךָ אַל תַּשְׁגֵּנִי מִמִּצְוֺתֶיךָ: (יא) בְּלִבִּי צָפַנְתִּי אִמְרָתֶךָ לְמַעַן לֹא אֶחֱטָא לָךְ: (יב) בָּרוּךְ אַתָּה יְיָ לַמְּדֵנִי חֻקֶּיךָ: (יג) בִּשְׂפָתַי סִפַּרְתִּי כֹּל מִשְׁפְּטֵי פִיךָ: (יד) בְּדֶרֶךְ עֵדְוֺתֶיךָ שַׂשְׂתִּי כְּעַל כָּל הוֹן: (טו) בְּפִקֻּדֶיךָ אָשִׂיחָה וְאַבִּיטָה אֹרְחֹתֶיךָ: (טו) בְּחֻקֹּתֶיךָ אֶשְׁתַּעֲשָׁע לֹא אֶשְׁכַּח דְּבָרֶךָ:

גְּמֹל עַל עַבְדְּךָ אֶחְיֶה וְאֶשְׁמְרָה דְבָרֶךָ: (יח) גַּל עֵינַי וְאַבִּיטָה נִפְלָאוֹת מִתּוֹרָתֶךָ: (יט) גֵּר אָנֹכִי בָאָרֶץ אַל תַּסְתֵּר מִמֶּנִּי מִצְוֺתֶיךָ: (כ) גָּרְסָה נַפְשִׁי לְתַאֲבָה אֶל מִשְׁפָּטֶיךָ בְכָל עֵת: (כא) גָּעַרְתָּ זֵדִים אֲרוּרִים הַשֹּׁגִים מִמִּצְוֺתֶיךָ: (כב) גַּל מֵעָלַי חֶרְפָּה וָבוּז כִּי עֵדֹתֶיךָ נָצָרְתִּי: (כג) גַּם יָשְׁבוּ שָׂרִים בִּי נִדְבָּרוּ עַבְדְּךָ יָשִׂיחַ בְּחֻקֶּיךָ: (כד) גַּם עֵדֹתֶיךָ שַׁעֲשֻׁעָי אַנְשֵׁי עֲצָתִי:

דָּבְקָה לֶעָפָר נַפְשִׁי חַיֵּנִי כִּדְבָרֶךָ: (כו) דְּרָכַי סִפַּרְתִּי וַתַּעֲנֵנִי לַמְּדֵנִי חֻקֶּיךָ: (כז) דֶּרֶךְ פִּקּוּדֶיךָ הֲבִינֵנִי וְאָשִׂיחָה בְּנִפְלְאוֹתֶיךָ: (כח) דָּלְפָה נַפְשִׁי מִתּוּגָה קַיְּמֵנִי כִּדְבָרֶךָ: (כט) דֶּרֶךְ שֶׁקֶר הָסֵר מִמֶּנִּי וְתוֹרָתְךָ חָנֵּנִי: (ל) דֶּרֶךְ אֱמוּנָה בָחָרְתִּי מִשְׁפָּטֶיךָ שִׁוִּיתִי: (לא) דָּבַקְתִּי בְעֵדְוֺתֶיךָ יְיָ אַל תְּבִישֵׁנִי: (לב) דֶּרֶךְ מִצְוֺתֶיךָ אָרוּץ כִּי תַרְחִיב לִבִּי:

הוֹרֵנִי יְיָ דֶּרֶךְ חֻקֶּיךָ וְאֶצְּרֶנָּה עֵקֶב: (לד) הֲבִינֵנִי וְאֶצְּרָה תוֹרָתֶךָ וְאֶשְׁמְרֶנָּה בְכָל לֵב: (לה) הַדְרִיכֵנִי בִּנְתִיב מִצְוֺתֶיךָ כִּי בוֹ חָפָצְתִּי: (לו) הַט לִבִּי אֶל עֵדְוֺתֶיךָ וְאַל אֶל בָּצַע: (לז) הַעֲבֵר עֵינַי מֵרְאוֹת שָׁוְא בִּדְרָכֶךָ חַיֵּנִי: (לח) הָקֵם לְעַבְדְּךָ אִמְרָתֶךָ אֲשֶׁר לְיִרְאָתֶךָ: (לט) הַעֲבֵר חֶרְפָּתִי אֲשֶׁר יָגֹרְתִּי כִּי מִשְׁפָּטֶיךָ טוֹבִים: (מ) הִנֵּה תָּאַבְתִּי לְפִקֻּדֶיךָ בְּצִדְקָתְךָ חַיֵּנִי:

סֵדֶר אֲבֵלִים כַּמִּנְהָג יְהוּדֵי קוֹצִ׳ין

כֶּתֶר עֶלְיוֹן אִיהוּ כֶּתֶר מַלְכוּת. וְעָלֵיהּ אִתְמַר מַגִּיד מֵרֵאשִׁית אַחֲרִית. וְאִיהוּ קַרְקַפְתָּא דִתְפִלֵּי. מִלְּגָאו אִיהוּ אוֹת יוּ״ד אוֹת הֵ״א אוֹת וָא״ו וְאוֹת הֵ״א דְאִיהוּ אֹרַח אֲצִילוּת. אִיהוּ שַׁקְיוּ דְאִילָנָא בִּדְרוֹעוֹי וְעַנְפּוֹי. כְּמַיָּא דְאַשְׁקֵי לְאִילָנָא וְאִתְרַבֵּי בְּהַהוּא שַׁקְיוּ:

רִבּוֹן עָלְמִין אַנְתְּ הוּא עִלַּת הָעִלּוֹת וְסִבַּת הַסִּבּוֹת דְּאַשְׁקֵי לְאִילָנָא בְּהַהוּא נְבִיעוּ. וְהַהוּא נְבִיעוּ אִיהוּ כְּנִשְׁמְתָא לְגוּפָא דְאִיהוּ חַיִּים לְגוּפָא. וּבָךְ לֵית דִּמְיוֹן וְלֵית דְּיוּקְנָא (דְּגוּפָא) מִכָּל מַה דִּלְגָאו וּלְבַר. וּבָרָאתָ שְׁמַיָּא וְאַרְעָא. וְאַפַּקְתְּ מִנְּהוֹן שִׁמְשָׁא וְסִיהֲרָא וְכוֹכְבַיָּא וּמַזָּלֵי. וּבְאַרְעָא אִילָנִין וּדְשָׁאִין וְגִנְתָּא דְעֵדֶן וְעִשְׂבִּין וְחֵיוָן וְעוֹפִין וְנוּנִין וּבְעִירִין וּבְנֵי נָשָׁא. לְאִשְׁתְּמוֹדְעָא בְּהוֹן עִלָּאִין וְאֵיךְ יִתְנַהֲגוּן בְּהוֹן עִלָּאִין וְתַתָּאִין. וְאֵיךְ אִשְׁתְּמוֹדְעָן מֵעִלָּאֵי וְתַתָּאֵי וְלֵית דְּיָדַע בָּךְ כְּלָל. וּבַר מִנָּךְ לֵית יְחוּדָא בְּעִלָּאֵי וְתַתָּאֵי. וְאַנְתְּ אִשְׁתְּמוֹדַע אָדוֹן עַל כֹּלָּא. וְכָל סְפִירָן כָּל חַד אִית לֵיהּ שֵׁם יְדִיעַ. וּבְהוֹן אִתְקְרִיאוּ מַלְאָכַיָּא. וְאַנְתְּ לֵית לָךְ שֵׁם יְדִיעַ דְּאַנְתְּ הוּא מְמַלֵּא כָּל שְׁמָהָן וְאַנְתְּ הוּא שְׁלִימוּ דְּכֻלְּהוּ. וְכַד אַנְתְּ תִּסְתַּלַּק מִנְּהוֹן. אִשְׁתְּאָרוּ כֻּלְּהוּ שְׁמָהָן כְּגוּפָא בְּלָא נִשְׁמְתָא. אַנְתְּ חַכִּים וְלָאו בְּחָכְמָה יְדִיעָא. אַנְתְּ הוּא מֵבִין וְלָאו מִבִּינָה יְדִיעָא. לֵית לָךְ אֲתַר יְדִיעָא. אֶלָּא לְאִשְׁתְּמוֹדְעָא תָּקְפָּךְ וְחֵילָךְ לִבְנֵי נָשָׁא. וּלְאַחֲזָאָה לוֹן אֵיךְ אִתְנְהִיג עָלְמָא בְּדִינָא

וּבְרַחֲמֵי דְאִינוּן צֶדֶק וּמִשְׁפָּט כְּפוּם עוֹבָדֵיהוֹן דִּבְנֵי נָשָׁא. דִּין אִיהוּ גְבוּרָה. מִשְׁפָּט עַמּוּדָא דְאֶמְצָעִיתָא. צֶדֶק מַלְכוּתָא קַדִּישָׁא מֹאזְנֵי צֶדֶק תְּרֵין סַמְכֵי קְשׁוֹט. הִין צֶדֶק אוֹת בְּרִית. כֹּלָּא לְאַחֲזָאָה אֵיךְ אִתְנְהִיג עָלְמָא. אֲבָל לָאו דְּאִית לָךְ צֶדֶק יְדִיעָא דְאִיהוּ דִין. וְלָאו מִשְׁפָּט יְדִיעָא דְאִיהוּ רַחֲמֵי. וְלָאו מִכָּל אִלֵּין מִדּוֹת כְּלָל. קוּם רִבִּי שִׁמְעוֹן וְיִתְחַדְּשׁוּן מִלִּין עַל יְדָךְ. דְּהָא רְשׁוּתָא אִית לָךְ לְגַלָּאָה רָזִין טְמִירִין עַל יְדָךְ מַה דְּלָא אִתְיְהִיב רְשׁוּ לְגַלָּאָה לְשׁוּם בַּר נָשׁ עַד כְּעָן.

קָם רִבִּי שִׁמְעוֹן פָּתַח וְאָמַר: לְךָ ה׳ הַגְּדֻלָּה וְהַגְּבוּרָה וְכוּ׳. עִלָּאִין שְׁמָעוּ אִנּוּן דְּמִיכִין דְּחֶבְרוֹן וְרַעְיָא מְהֵימְנָא אִתְּעָרוּ מִשְּׁנַתְכוֹן. הָקִיצוּ וְרַנְּנוּ שׁוֹכְנֵי עָפָר. אִלֵּין אִנּוּן צַדִּיקַיָּא דְּאִנּוּן מִסִּטְרָא דְּהַהוּא דְּאִתְמַר בָּהּ אֲנִי יְשֵׁנָה וְלִבִּי עֵר. וְלָאו אִנּוּן מֵתִים. וּבְגִין דָּא אִתְמַר בְּהוֹן הָקִיצוּ וְרַנְּנוּ וְכוּ׳. רַעְיָא מְהֵימְנָא אַנְתְּ וַאֲבָהָן הָקִיצוּ וְרַנְּנוּ לְאִתְעָרוּתָא דִּשְׁכִינְתָּא דְּאִיהִי יְשֵׁנָה בְּגָלוּתָא. דְּעַד כְּעַן צַדִּיקַיָּא כֻּלְּהוּ דְּמִיכִין וְשִׁנְתָּא בְּחוֹרֵיהוֹן.

מִיָּד יָהִיבַת שְׁכִינְתָּא תְּלַת קָלִין לְגַבֵּי רַעְיָא מְהֵימְנָא וְיֵימָא לֵיהּ:

קוּם רַעְיָא מְהֵימְנָא – דְּהָא עֲלָךְ אִתְמַר קוֹל דּוֹדִי דוֹפֵק לְגַבָּאי בְּאַרְבַּע אָתְוָן דִּילֵיהּ. וְיֵימָא בְהוֹן פִּתְחִי לִי אֲחוֹתִי רַעְיָתִי יוֹנָתִי תַמָּתִי. דְּהָא תַּם עֲוֹנֵךְ בַּת צִיּוֹן לֹא יוֹסִיף לְהַגְלוֹתֵךְ. שֶׁרֹּאשִׁי נִמְלָא טָל. מַאי נִמְלָא טָל? – אֶלָּא אָמַר קֻדְשָׁא בְּרִיךְ הוּא, אַנְתְּ חֲשַׁבְתְּ דְּמִיּוֹמָא דְּאִתְחֲרַב בֵּי מַקְדְּשָׁא דְעָאלְנָא בְּבֵיתָא דִילִי וְעָאלְנָא בְּיִשּׁוּבָא, לָאו הָכִי, דְּלָא עָאלְנָא כָּל זִמְנָא דְּאַנְתְּ בְּגָלוּתָא. הֲרֵי לָךְ סִימָנָא: שֶׁרֹּאשִׁי נִמְלָא טָל, הֵ״א שְׁכִינְתָּא בְּגָלוּתָא. שְׁלִימוּ דִילָהּ וְחַיִּים דִּילָהּ אִיהוּ טָל. וְדָא אִיהוּ אוֹת יוּ״ד אוֹת הֵ״א אוֹת וָא״ו וְאוֹת הֵ״א אִיהִי שְׁכִינְתָּא דְּלָא מֵחֻשְׁבַּן

שֶׁל צַדִּיקִים לֶעָתִיד לָבֹא: רִבִּי חֲנַנְיָה בֶּן עֲקַשְׁיָא אוֹמֵר: רָצָה הַקָּדוֹשׁ בָּרוּךְ הוּא לְזַכּוֹת אֶת יִשְׂרָאֵל. לְפִיכָךְ הִרְבָּה לָהֶם תּוֹרָה וּמִצְוֹת, שֶׁנֶּאֱמַר: יְיָ חָפֵץ לְמַעַן צִדְקוֹ, יַגְדִּיל תּוֹרָה וְיַאְדִּיר:

קַדִּישׁ עַל יִשְׂרָאֵל.

יִתְגַּדַּל וְיִתְקַדַּשׁ שְׁמֵהּ רַבָּא. [אמן]
בְּעָלְמָא דִּי בְרָא, כִּרְעוּתֵהּ. וְיַמְלִיךְ מַלְכוּתֵהּ, וְיַצְמַח פֻּרְקָנֵהּ, וִיקָרֵב מְשִׁיחֵהּ. [אמן]
בְּחַיֵּיכוֹן וּבְיוֹמֵיכוֹן וּבְחַיֵּי דְכָל-בֵּית יִשְׂרָאֵל, בַּעֲגָלָא וּבִזְמַן קָרִיב, וְאִמְרוּ אָמֵן.
[אָמֵן יְהֵא שְׁמֵהּ רַבָּא מְבָרַךְ, לְעָלַם לְעָלְמֵי עָלְמַיָּא]
יְהֵא שְׁמֵהּ רַבָּא מְבָרַךְ, לְעָלַם לְעָלְמֵי עָלְמַיָּא יִתְבָּרַךְ וְיִשְׁתַּבַּח וְיִתְפָּאַר וְיִתְרוֹמַם וְיִתְנַשֵּׂא וְיִתְהַדָּר וְיִתְעַלֶּה וְיִתְהַלָּל, שְׁמֵהּ דְּקֻדְשָׁא בְּרִיךְ הוּא. [אמן]
לְעֵלָּא מִן-כָּל-בִּרְכָתָא, שִׁירָתָא, תִּשְׁבְּחָתָא וְנֶחֱמָתָא דַּאֲמִירָן בְּעָלְמָא, וְאִמְרוּ אָמֵן. [אמן]
עַל יִשְׂרָאֵל וְעַל רַבָּנָן וְעַל תַּלְמִידֵיהוֹן וְעַל כָּל תַּלְמִידֵי תַלְמִידֵיהוֹן, דְּעָסְקִין בְּאוֹרַיְתָא קַדִּשְׁתָּא. דִּי בְּאַתְרָא הָדֵין וְדִי בְכָל אֲתַר וַאֲתַר. יְהֵא לָנָא וּלְהוֹן וּלְכוֹן חִנָּא וְחִסְדָּא וְרַחֲמֵי. מִן קֳדָם מָארֵי שְׁמַיָּא וְאַרְעָא וְאִמְרוּ אָמֵן. [אמן]
יְהֵא שְׁלָמָא רַבָּא מִן שְׁמַיָּא, חַיִּים וְשָׂבָע וִישׁוּעָה וְנֶחָמָה וְשֵׁיזָבָא וּרְפוּאָה וּגְאֻלָּה וּסְלִיחָה וְכַפָּרָה וְרֶוַח וְהַצָּלָה, לָנוּ וּלְכָל-עַמּוֹ יִשְׂרָאֵל, וְאִמְרוּ אָמֵן. [אמן]
עֹשֶׂה שָׁלוֹם בִּמְרוֹמָיו, הוּא בְּרַחֲמָיו יַעֲשֶׂה שָׁלוֹם עָלֵינוּ, וְעַל כָּל-עַמּוֹ יִשְׂרָאֵל, וְאִמְרוּ אָמֵן. [אמן]

בַּיּוֹם הַשְּׁבִיעִי בַּבּוֹקֶר שַׁחֲרִית אַחַר כָּךְ צִדּוּק הַדִּין וְהַשְׁכָּבָה
הוֹלְכִים לְבֵית הַקְּבָרוֹת קוֹרְאִים לְעִילּוּי נִשְׁמַת הַנִּפְטָר/ הַנִּפְטֶרֶת

פְּתִיחַת אֵלִיָּהוּ הַנָּבִיא

וִיהִי נֹעַם אֲדֹנָי אֱלֹהֵינוּ עָלֵינוּ. וּמַעֲשֵׂה יָדֵינוּ כּוֹנְנָה עָלֵינוּ. וּמַעֲשֵׂה יָדֵינוּ כּוֹנְנֵהוּ:
פָּתַח אֵלִיָּהוּ הַנָּבִיא זָכוּר לַטּוֹב וְאָמַר רִבּוֹן עָלְמִין דְּאַנְתְּ הוּא חָד וְלָא בְחֻשְׁבָּן. אַנְתְּ הוּא עִלָּאָה עַל כָּל עִלָּאִין סְתִימָא עַל כָּל סְתִימִין לֵית מַחֲשָׁבָה תְּפִיסָא בָךְ כְּלָל. אַנְתְּ הוּא דְּאַפַּקְתְּ עֶשֶׂר תִּקּוּנִין וְקָרֵינָן לוֹן עֶשֶׂר סְפִירָן לְאַנְהָגָא בְהוֹן עָלְמִין סְתִימִין דְּלָא אִתְגַּלְיָן וְעָלְמִין דְּאִתְגַּלְיָן. וּבְהוֹן אִתְכַּסִּיאַת מִבְּנֵי נָשָׁא. וְאַנְתְּ הוּא דְּקָשִׁיר לוֹן וּמְיַחֵד לוֹן. וּבְגִין דְּאַנְתְּ מִלְּגָאו כָּל מָאן דְּאַפְרִישׁ חַד מִן חַבְרֵיהּ מֵאִלֵּין עֶשֶׂר אִתְחַשִׁיב לֵיהּ כְּאִלּוּ אַפְרִישׁ בָּךְ. וְאִלֵּין עֶשֶׂר סְפִירָן אִנּוּן אָזְלִין כְּסִדְרָן חַד אָרִיךְ וְחַד קָצָר וְחַד בֵּינוֹנִי. וְאַנְתְּ הוּא דְּאַנְהִיג לוֹן. וְלֵית מָאן דְּאַנְהִיג לָךְ לָא לְעֵילָּא וְלָא לְתַתָּא וְלָא מִכָּל סִטְרָא. לְבוּשִׁין תַּקַּנְתְּ לוֹן דְּמִנַּיְהוּ פָּרְחִין נִשְׁמָתִין לִבְנֵי נָשָׁא. וְכַמָּה גוּפִין תַּקַּנְתְּ לוֹן דְּאִתְקְרִיאוּ גוּפָא לְגַבֵּי לְבוּשִׁין דִּמְכַסְיָן עֲלֵיהוֹן וְאִתְקְרִיאוּ בְּתִקּוּנָא דָא. חֶסֶד דְּרוֹעָא יְמִינָא. גְּבוּרָה דְּרוֹעָא שְׂמָאלָא. תִּפְאֶרֶת גּוּפָא. נֶצַח וְהוֹד תְּרֵין שׁוֹקִין. יְסוֹד סִיּוּמָא דְּגוּפָא אוֹת בְּרִית קֹדֶשׁ. מַלְכוּת פֶּה תּוֹרָה שֶׁבְּעַל פֶּה קָרֵינָן לָהּ. חָכְמָה מוֹחָא אִיהִי מַחֲשָׁבָה מִלְּגָאו. בִּינָה לִבָּא וּבָהּ הַלֵּב מֵבִין. וְעַל אִלֵּין תְּרֵין כְּתִיב הַנִּסְתָּרוֹת לַה' אֱלֹהֵינוּ.

סֵדֶר אֲבֵלִים כְּמִנְהַג יְהוּדֵי קוֹצִ'ין

הָרַחֲמָן הוּא יִרְפָּאֵנוּ רְפוּאָה שְׁלֵמָה רְפוּאַת הַנֶּפֶשׁ וּרְפוּאַת הַגּוּף.
הָרַחֲמָן הוּא יִפְתַּח לָנוּ אֶת יָדוֹ הָרְחָבָה.
הָרַחֲמָן הוּא יְבָרֵךְ כָּל אֶחָד וְאֶחָד מִמֶּנּוּ בִּשְׁמוֹ הַגָּדוֹל כְּמוֹ שֶׁנִּתְבָּרְכוּ אֲבוֹתֵינוּ אַבְרָהָם יִצְחָק וְיַעֲקֹב בַּכֹּל מִכֹּל כֹּל. כֵּן יְבָרֵךְ אוֹתָנוּ יַחַד בְּרָכָה שְׁלֵמָה. וְכֵן יְהִי רָצוֹן וְנֹאמַר אָמֵן.
הָרַחֲמָן הוּא יִטַּע תּוֹרָתוֹ וְאַהֲבָתוֹ בְּלִבֵּנוּ וְתִהְיֶה יִרְאָתוֹ עַל פָּנֵינוּ לְבִלְתִּי נֶחֱטָא.
הָרַחֲמָן הוּא יִפְרוֹשׂ עָלֵינוּ סֻכַּת שְׁלוֹמוֹ.
הָרַחֲמָן הוּא יָשִׂים בְּמַעֲשֵׂי יָדָיו בְּרָכָה וְשָׁלוֹם.
הָרַחֲמָן הוּא יָשִׂים בְּבַעַל הַזֶּה בְּרָכָה וְשָׁלוֹם.
תְּהֵא מִשְׁמֶרֶת שָׁלוֹם עוֹשֶׂה שָׁלוֹם בִּמְרוֹמָיו הוּא בְּרַחֲמָיו יַעֲשֶׂה שָׁלוֹם עָלֵינוּ וְעַל כָּל עַמּוֹ יִשְׂרָאֵל וְאִמְרוּ אָמֵן.
יְהִי רָצוֹן שֶׁלֹּא יֵבוֹשׁ בַּעַל הַבַּיִת הַזֶּה בְּשָׁלוֹם הַזֶּה וְלֹא יִכָּלֵם לָעוֹלָם הַבָּא. לֹא תֵבוֹשׁ בְּרֵאשִׁיתְךָ וְלֹא תִכָּלֵם בְּאַחֲרִיתְךָ. אַחֲרִיתְךָ תִּהְיֶה לְדוֹר דּוֹרִים וּנְכָסֶיךָ יִהְיוּ מוּצְלָחִים וּמְשׁוּבָּחִים וּקְרוֹבִים לָעִיר וְלֹא יִשְׁלוֹט שָׂטָן וְאַל יִזְדַּקֵּק וְלֹא בְּמַעֲשֵׂנוּ וְלֹא בְּמַעֲשֶׂיךָ וְלֹא בְּמַעֲשֵׂה כְּלַל עַמּוֹ יִשְׂרָאֵל אֲבָל תִּזְכֶּה וְנִזְכֶּה עִמְּךָ לִרְאוֹת בְּבִנְיָנָהּ שֶׁל יְרוּשָׁלַיִם מוּצְלָחִים כְּבַתְּחִלָּה.
מִמָּרוֹם יְלַמְּדוּ עָלֶיךָ זְכוּת. מִמָּרוֹם יְלַמְּדוּ עַל יִשְׂרָאֵל זְכוּת. מִמָּרוֹם יְשַׁלַּח הָאֵל בְּרָכָה בַּאֲסָמֶיךָ כִּדְכְתִיב וַעֲבַדְתֶּם אֵת יְיָ אֱלֹהֵיכֶם. וּבֵרַךְ אֶת לַחְמְךָ וְאֶת מֵימֶיךָ וַהֲסִירוֹתִי מַחֲלָה מִקִּרְבֶּךָ. וְנֶאֱמַר לֹא תִהְיֶה מְשַׁכֵּלָה וַעֲקָרָה בְּאַרְצֶךָ. אֶת מִסְפַּר יָמֶיךָ אֲמַלֵּא אֱלֹהֵי יִשְׂרָאֵל מִן הַשָּׁמַיִם. יְבָרֶכְךָ וְיִשְׁמְרֶךָ וִינַצְּרֶךָ וְיַעַזְרֶךָ וְיִשְׁלַח בְּרָכָה בַּאֲסָמֶיךָ וּבְכָל מַעֲשֵׂה יָדֶיךָ. וִיקַיֵּים עָלֶיךָ מִקְרָא שֶׁכָּתוּב הִנֵּה כִּי כֵן יְבֹרַךְ גָּבֶר יְרֵא יְיָ יְבָרֶכְךָ יְיָ מִצִּיּוֹן וּרְאֵה בְּטוּב יְרוּשָׁלָיִם כֹּל יְמֵי חַיֶּיךָ וּרְאֵה בָנִים לְבָנֶיךָ שָׁלוֹם עַל יִשְׂרָאֵל. מִמְּרָא מִן שְׁמַיָּא יְהֵא בְּסַעְדָּךְ בַּעֲגָלָא וּבִזְמַן קָרִיב וְאִמְרוּ אָמֵן.

בִּרְכַּת הַיַּיִן

בָּרוּךְ אַתָּה יְיָ, אֱלֹהֵינוּ מֶלֶךְ הָעוֹלָם, בּוֹרֵא פְּרִי הַגָּפֶן.
בָּרוּךְ אַתָּה יְיָ, אֱלֹהֵינוּ מֶלֶךְ הָעוֹלָם, דַּיַּן בֶּאֱמֶת וְדַיַּן הָרַחֲמִים שׁוֹפֵט אֱמוּנוֹת שֶׁדָּנְנוּ דִּין אֲמִתּוֹ. כַּכָּתוּב הַצּוּר תָּמִים פָּעֳלוֹ כִּי כָל דְּרָכָיו מִשְׁפָּט אֵל אֱמוּנָה וְאֵין עָוֶל צַדִּיק וְיָשָׁר הוּא צַדִּיק אַתָּה יְיָ וְיָשָׁר מִשְׁפָּטֶיךָ בָּרוּךְ אַתָּה יְיָ מְנַחֵם כָּל אֲבֵלִים.

כָּל יִשְׂרָאֵל יֵשׁ לָהֶם

כָּל יִשְׂרָאֵל יֵשׁ לָהֶם חֵלֶק לָעוֹלָם הַבָּא שֶׁנֶּאֱמַר: וְעַמֵּךְ כֻּלָּם צַדִּיקִים לְעוֹלָם יִירְשׁוּ אָרֶץ נֵצֶר מַטָּעַי מַעֲשֵׂה יָדַי לְהִתְפָּאֵר: אָמַר רַבִּי יְהוּדָה, אַשְׁרֵי מִי שֶׁעֲמָלוֹ בַּתּוֹרָה וְעוֹשֶׂה נַחַת רוּחַ לְיוֹצְרוֹ. גָּדֵל בְּשֵׁם טוֹב וְנִפְטַר בְּשֵׁם טוֹב מִן הָעוֹלָם, וְעָלָיו אָמַר שְׁלֹמֹה בְּחָכְמָתוֹ, טוֹב שֵׁם מִשֶּׁמֶן טוֹב, וְיוֹם הַמָּוֶת מִיּוֹם הִוָּלְדוֹ. לְמַד תּוֹרָה הַרְבֵּה וְיִתְּנוּ לְךָ שָׂכָר הַרְבֵּה, וְדַע מַתַּן שְׂכָרָם

סֵדֶר אֲבֵלִים כְּמִנְהַג יְהוּדֵי קוֹצִ'ין

רַחֵם יְיָ אֱלֹהֵינוּ עָלֵינוּ וְעַל יִשְׂרָאֵל עַמֶּךָ. וְעַל יְרוּשָׁלַיִם עִירֶךָ. וְעַל הַר צִיּוֹן מִשְׁכַּן כְּבוֹדֶךָ. וְעַל הֵיכָלֶךָ. וְעַל מְעוֹנֶךָ. וְעַל דְּבִירֶךָ. וְעַל הַבַּיִת הַגָּדוֹל וְהַקָּדוֹשׁ שֶׁנִּקְרָא שִׁמְךָ עָלָיו. אָבִינוּ רְעֵנוּ זוּנֵנוּ. פַּרְנְסֵנוּ. כַּלְכְּלֵנוּ. הַרְוִיחֵנוּ הַרְוַח לָנוּ מְהֵרָה מִכָּל צָרוֹתֵינוּ. וְנָא אַל תַּצְרִיכֵנוּ יְיָ אֱלֹהֵינוּ לִידֵי מַתְּנוֹת בָּשָׂר וָדָם. וְלֹא לִידֵי הַלְוָאָתָם. אֶלָּא לְיָדְךָ הַמְּלֵאָה וְהָרְחָבָה. הָעֲשִׁירָה וְהַפְּתוּחָה. יְהִי רָצוֹן שֶׁלֹּא נֵבוֹשׁ בָּעוֹלָם הַזֶּה. וְלֹא נִכָּלֵם לָעוֹלָם הַבָּא. וּמַלְכוּת בֵּית דָּוִד מְשִׁיחָךְ תַּחֲזִירֶנָּה לִמְקוֹמָהּ בִּמְהֵרָה בְיָמֵינוּ.

בְּרֹאשׁ חֹדֶשׁ אוֹמְרִים ' יַעֲלֶה וְיָבֹא '

אֱלֹהֵינוּ וֵאלֹהֵי אֲבוֹתֵינוּ יַעֲלֶה וְיָבֹא וְיַגִּיעַ וְיֵרָאֶה וְיֵרָצֶה וְיִשָּׁמַע וְיִפָּקֵד וְיִזָּכֵר זִכְרוֹנֵנוּ וְזִכְרוֹן אֲבוֹתֵינוּ. זִכְרוֹן יְרוּשָׁלַיִם עִירָךְ. וְזִכְרוֹן מָשִׁיחַ בֶּן דָּוִד עַבְדָּךְ. וְזִכְרוֹן כָּל עַמְּךָ בֵּית יִשְׂרָאֵל לְפָנֶיךָ לִפְלֵיטָה לְטוֹבָה. לְחֵן לְחֶסֶד וּלְרַחֲמִים. לְחַיִּים טוֹבִים וּלְשָׁלוֹם. בְּיוֹם, רֹאשׁ חֹדֶשׁ הַזֶּה. לְרַחֵם בּוֹ עָלֵינוּ וּלְהוֹשִׁיעֵנוּ. זָכְרֵנוּ יְיָ אֱלֹהֵינוּ בּוֹ לְטוֹבָה. וּפָקְדֵנוּ בוֹ לִבְרָכָה. וְהוֹשִׁיעֵנוּ בוֹ לְחַיִּים טוֹבִים. בִּדְבַר יְשׁוּעָה וְרַחֲמִים. חוּס וְחָנֵּנוּ וַחֲמוֹל וְרַחֵם עָלֵינוּ. וְהוֹשִׁיעֵנוּ כִּי אֵלֶיךָ עֵינֵינוּ. כִּי אֵל מֶלֶךְ חַנּוּן וְרַחוּם אָתָּה. (עַד כָּאן רֹאשׁ חֹדֶשׁ)

וְתִבְנֶה יְרוּשָׁלַיִם עִירָךְ בִּמְהֵרָה בְיָמֵינוּ.

בָּרוּךְ אַתָּה יְיָ, בּוֹנֵה בְרַחֲמָיו בִּנְיַן יְרוּשָׁלַיִם עִיר הַקּוֹדֶשׁ אָמֵן.

בְּחַיֵּינוּ וּבְחַיֵּי כָּל קְהַל בֵּית יִשְׂרָאֵל תִּבָּנֶה עִיר צִיּוֹן בְּרִינָּה וְתִכּוֹן עֲבוֹדַת הַקּוֹדֶשׁ בִּירוּשָׁלַיִם וְאַרְמוֹן עַל מִשְׁפָּטוֹ יֵשֵׁב בְּקָרוֹב כְּבָרִאשׁוֹנָה.

בָּרוּךְ אַתָּה יְיָ אֱלֹהֵינוּ מֶלֶךְ הָעוֹלָם. לָעַד הָאֵל אָבִינוּ מַלְכֵּנוּ אַדִּירֵנוּ. בּוֹרְאֵנוּ. גּוֹאֲלֵנוּ. קְדוֹשֵׁנוּ. קְדוֹשׁ יַעֲקֹב. רוֹעֵנוּ רוֹעֵה יִשְׂרָאֵל. הַמֶּלֶךְ הַטּוֹב וְהַמֵּטִיב לַכֹּל. שֶׁבְּכָל יוֹם וָיוֹם הוּא הֵטִיב לָנוּ. הוּא מֵטִיב לָנוּ. הוּא יֵיטִיב לָנוּ. הוּא גְמָלָנוּ. הוּא גוֹמְלֵנוּ. הוּא יִגְמְלֵנוּ לָעַד חֵן וָחֶסֶד וְרַחֲמִים וְרֵיוַח וְהַצָּלָה וְכָל טוֹב. יַעֲנוּ – אָמֵן.

הָרַחֲמָן הוּא בָּרוּךְ עָלֵינוּ יִמְלוֹךְ לְעוֹלָם וָעֶד.

הָרַחֲמָן הוּא יִשְׁתַּבַּח עַל כִּסֵּא כְבוֹדוֹ.

הָרַחֲמָן הוּא יִשְׁתַּבַּח בַּשָּׁמַיִם וּבָאָרֶץ.

הָרַחֲמָן הוּא יִשְׁתַּבַּח בָּנוּ לְדוֹר דּוֹרִים.

הָרַחֲמָן הוּא קֶרֶן לְעַמּוֹ יָרִים.

הָרַחֲמָן הוּא יִתְפָּאֵר בָּנוּ לָנֶצַח נְצָחִים.

הָרַחֲמָן הוּא יְפַרְנְסֵנוּ בְּכָבוֹד וְלֹא בְבִזּוּי בְּהֶתֵּר וְלֹא בְאִסּוּר בְּנַחַת וְלֹא בְצַעַר בְּרֶיוַח וְלֹא בְצִמְצוּם.

הָרַחֲמָן הוּא יִתֵּן שָׁלוֹם בֵּינֵינוּ.

הָרַחֲמָן הוּא יִשְׁלַח בְּרָכָה רְוָחָה וְהַצְלָחָה בְּכָל מַעֲשֵׂה יָדֵינוּ.

הָרַחֲמָן הוּא יַצְלִיחַ אֶת דְּרָכֵינוּ.

הָרַחֲמָן הוּא יִשְׁבּוֹר עוֹל גָּלוּת מְהֵרָה מֵעַל צַוָּארֵנוּ.

הָרַחֲמָן הוּא יוֹלִיכֵנוּ מְהֵרָה קוֹמְמִיּוּת לְאַרְצֵנוּ.

וַאֲנַחְנוּ נְבָרֵךְ יָהּ מֵעַתָּה וְעַד עוֹלָם הַלְלוּיָהּ.
וַיְדַבֵּר אֵלַי, זֶה הַשֻּׁלְחָן אֲשֶׁר לִפְנֵי יְיָ.
לְשֵׁם יִחוּד קוּדְשָׁא בְּרִיךְ הוּא וּשְׁכִינְתֵּיהּ, בִּדְחִילוּ וּרְחִימוּ וּרְחִימוּ וּדְחִילוּ, לְיַחֲדָא שֵׁם יוֹד ה"י בְּוָו ה"י בְּיִחוּדָא שְׁלִים (יְיָ) עַל יְדֵי הַהוּא טָמִיר וְנֶעְלָם בְּשֵׁם כָּל יִשְׂרָאֵל. הִנְנִי מוּכָן וּמְזוּמָן לְקַיֵּם מִצְוַת עֲשֵׂה שֶׁל בִּרְכַּת הַמָּזוֹן, שֶׁנֶּאֱמַר. וְאָכַלְתָּ וְשָׂבָעְתָּ וּבֵרַכְתָּ אֶת יְיָ אֱלֹהֶיךָ, וִיהִי נֹעַם יְיָ אֱלֹהֵינוּ עָלֵינוּ. וּמַעֲשֵׂה יָדֵינוּ כּוֹנְנָה עָלֵינוּ. וּמַעֲשֵׂה יָדֵינוּ כּוֹנְנֵהוּ.

וְאִם הֵם עֲשָׂרָה אוֹ יוֹתֵר, אוֹמֵר הַמְזַמֵּן – **נְבָרֵךְ אֱלֹהֵינוּ שֶׁאָכַלְנוּ מִשֶּׁלּוֹ.**

וְהַמְסוּבִּים עוֹנִים – **בָּרוּךְ אֱלֹהֵינוּ שֶׁאָכַלְנוּ מִשֶּׁלּוֹ וּבְטוּבוֹ הַגָּדוֹל וְהַקָּדוֹשׁ חָיִינוּ.**

וְהַמְזַמֵּן חוֹזֵר – **בָּרוּךְ אֱלֹהֵינוּ שֶׁאָכַלְנוּ מִשֶּׁלּוֹ וּבְטוּבוֹ חָיִינוּ.**

בָּרוּךְ אַתָּה יְיָ, אֱלֹהֵינוּ מֶלֶךְ הָעוֹלָם, הָאֵל הַזָּן אוֹתָנוּ וְאֶת הָעוֹלָם כֻּלּוֹ בְּטוּבוֹ בְּחֵן בְּחֶסֶד בְּרֵיוַח וּבְרַחֲמִים רַבִּים. נֹתֵן לֶחֶם לְכָל בָּשָׂר. כִּי לְעוֹלָם חַסְדּוֹ. וּבְטוּבוֹ הַגָּדוֹל תָּמִיד לֹא חָסַר לָנוּ וְאַל יֶחְסַר לָנוּ מָזוֹן תָּמִיד לְעוֹלָם וָעֶד. כִּי הוּא אֵל זָן וּמְפַרְנֵס לַכֹּל וְשֻׁלְחָנוֹ עָרוּךְ לַכֹּל וְהִתְקִין מִחְיָה וּמָזוֹן לְכָל בְּרִיּוֹתָיו אֲשֶׁר בָּרָא בְּרַחֲמָיו וּבְרוֹב חֲסָדָיו כָּאָמוּר. פּוֹתֵחַ אֶת יָדֶךָ. וּמַשְׂבִּיעַ לְכָל חַי רָצוֹן. בָּרוּךְ אַתָּה יְיָ, הַזָּן בְּרַחֲמָיו אֶת הַכֹּל.

נוֹדֶה לְךָ יְיָ אֱלֹהֵינוּ עַל שֶׁהִנְחַלְתָּ לַאֲבוֹתֵינוּ אֶרֶץ חֶמְדָּה טוֹבָה וּרְחָבָה בְּרִית וְתוֹרָה חַיִּים וּמָזוֹן. עַל שֶׁהוֹצֵאתָנוּ מֵאֶרֶץ מִצְרַיִם וּפְדִיתָנוּ מִבֵּית עֲבָדִים. וְעַל בְּרִיתְךָ שֶׁחָתַמְתָּ בִּבְשָׂרֵנוּ. וְעַל תּוֹרָתְךָ שֶׁלִּמַּדְתָּנוּ. וְעַל חֻקֵּי רְצוֹנָךְ שֶׁהוֹדַעְתָּנוּ. וְעַל חַיִּים וּמָזוֹן שֶׁאַתָּה זָן וּמְפַרְנֵס אוֹתָנוּ.

בַּחֲנוּכָּה וּבְפוּרִים אוֹמְרִים עַל הַנִּסִּים.

וְעַל הַנִּסִּים וְעַל הַפֻּרְקָן. וְעַל הַגְּבוּרוֹת. וְעַל הַתְּשׁוּעוֹת וְעַל הַנִּפְלָאוֹת וְעַל הַנֶּחָמוֹת שֶׁעָשִׂיתָ לַאֲבוֹתֵינוּ בַּיָּמִים הָהֵם בַּזְּמַן הַזֶּה.

לַחֲנוּכָּה.

בִּימֵי מַתִּתְיָה בֶּן יוֹחָנָן כֹּהֵן גָּדוֹל חַשְׁמוֹנָאִי וּבָנָיו כְּשֶׁעָמְדָה מַלְכוּת יָוָן הָרְשָׁעָה עַל עַמְּךָ יִשְׂרָאֵל לְשַׁכְּחָם תּוֹרָתְךָ וּלְהַעֲבִירָם מֵחֻקֵּי רְצוֹנָךְ. וְאַתָּה בְּרַחֲמֶיךָ הָרַבִּים עָמַדְתָּ לָהֶם בְּעֵת צָרָתָם. רַבְתָּ אֶת רִיבָם. דַּנְתָּ אֶת דִּינָם. נָקַמְתָּ אֶת נִקְמָתָם. מָסַרְתָּ גִּבּוֹרִים בְּיַד חַלָּשִׁים. וְרַבִּים בְּיַד מְעַטִּים. וּרְשָׁעִים בְּיַד צַדִּיקִים. וּטְמֵאִים בְּיַד טְהוֹרִים. וְזֵדִים בְּיַד עוֹסְקֵי תוֹרָתֶךָ. לְךָ עָשִׂיתָ שֵׁם גָּדוֹל וְקָדוֹשׁ בְּעוֹלָמֶךָ. וּלְעַמְּךָ יִשְׂרָאֵל עָשִׂיתָ תְּשׁוּעָה גְדוֹלָה וּפֻרְקָן כְּהַיּוֹם הַזֶּה. וְאַחַר כָּךְ בָּאוּ בָנֶיךָ לִדְבִיר בֵּיתֶךָ וּפִנּוּ אֶת הֵיכָלֶךָ. וְטִהֲרוּ אֶת מִקְדָּשֶׁךָ. וְהִדְלִיקוּ נֵרוֹת בְּחַצְרוֹת קָדְשֶׁךָ. וְקָבְעוּ שְׁמוֹנַת יְמֵי חֲנֻכָּה אֵלּוּ בְּהַלֵּל וּבְהוֹדָאָה. וְעָשִׂיתָ עִמָּהֶם נִסִּים וְנִפְלָאוֹת וְנוֹדֶה לְשִׁמְךָ הַגָּדוֹל סֶלָה.

לְפוּרִים.

בִּימֵי מָרְדְּכַי וְאֶסְתֵּר בְּשׁוּשַׁן הַבִּירָה. כְּשֶׁעָמַד עֲלֵיהֶם הָמָן הָרָשָׁע. בִּקֵּשׁ לְהַשְׁמִיד לַהֲרוֹג וּלְאַבֵּד אֶת כָּל הַיְּהוּדִים מִנַּעַר וְעַד זָקֵן טַף וְנָשִׁים בְּיוֹם אֶחָד בִּשְׁלֹשָׁה עָשָׂר לְחֹדֶשׁ שְׁנֵים עָשָׂר הוּא חֹדֶשׁ אֲדָר וּשְׁלָלָם לָבוֹז. וְאַתָּה בְּרַחֲמֶיךָ הָרַבִּים הֵפַרְתָּ אֶת עֲצָתוֹ. וְקִלְקַלְתָּ אֶת מַחֲשַׁבְתּוֹ. וַהֲשֵׁבוֹתָ לּוֹ גְּמוּלוֹ בְּרֹאשׁוֹ. וְתָלוּ אוֹתוֹ וְאֶת בָּנָיו עַל הָעֵץ. וְעָשִׂיתָ עִמָּהֶם נֵס וָפֶלֶא וְנוֹדֶה לְשִׁמְךָ הַגָּדוֹל סֶלָה.

וְעַל הַכֹּל יְיָ אֱלֹהֵינוּ אֲנַחְנוּ מוֹדִים לָךְ וּמְבָרְכִים אֶת שְׁמָךְ כָּאָמוּר וְאָכַלְתָּ וְשָׂבָעְתָּ. וּבֵרַכְתָּ אֶת יְיָ אֱלֹהֶיךָ עַל הָאָרֶץ הַטּוֹבָה אֲשֶׁר נָתַן לָךְ. בָּרוּךְ אַתָּה יְיָ, עַל הָאָרֶץ וְעַל הַמָּזוֹן.

סֵדֶר אֲבֵלִים כְּמִנְהַג יְהוּדֵי קוֹצִ׳ין

קַדִּישׁ עַל יִשְׂרָאֵל

יִתְגַּדַּל וְיִתְקַדַּשׁ שְׁמֵיהּ רַבָּא. [אמן]
בְּעָלְמָא דִּי בְרָא, כִּרְעוּתֵהּ. וְיַמְלִיךְ מַלְכוּתֵהּ, וְיַצְמַח פֻּרְקָנֵהּ, וִיקָרֵב מְשִׁיחֵהּ. [אמן]
בְּחַיֵּיכוֹן וּבְיוֹמֵיכוֹן וּבְחַיֵּי דְכָל-בֵּית יִשְׂרָאֵל, בַּעֲגָלָא וּבִזְמַן קָרִיב, וְאִמְרוּ אָמֵן.
יְהֵא שְׁמֵיהּ רַבָּא מְבָרַךְ, לְעָלַם לְעָלְמֵי עָלְמַיָּא [אמן]
יְהֵא שְׁמֵיהּ רַבָּא מְבָרַךְ, לְעָלַם לְעָלְמֵי עָלְמַיָּא יִתְבָּרַךְ וְיִשְׁתַּבַּח וְיִתְפָּאַר וְיִתְרוֹמַם וְיִתְנַשֵּׂא
וְיִתְהַדַּר וְיִתְעַלֶּה וְיִתְהַלָּל, שְׁמֵהּ דְּקֻדְשָׁא בְּרִיךְ הוּא. [אמן]
לְעֵלָּא מִן-כָּל-בִּרְכָתָא, שִׁירָתָא, תִּשְׁבְּחָתָא וְנֶחָמָתָא דַּאֲמִירָן בְּעָלְמָא, וְאִמְרוּ אָמֵן. [אמן]
עַל יִשְׂרָאֵל וְעַל רַבָּנָן וְעַל תַּלְמִידֵיהוֹן וְעַל כָּל תַּלְמִידֵי תַלְמִידֵיהוֹן, דְּעָסְקִין בְּאוֹרַיְתָא
קַדִּשְׁתָּא. דִּי בְּאַתְרָא הָדֵין וְדִי בְכָל אֲתַר וַאֲתַר. יְהֵא לָנָא וּלְהוֹן וּלְכוֹן חִנָּא וְחִסְדָּא וְרַחֲמֵי. מִן
קֳדָם מָארֵי שְׁמַיָּא וְאַרְעָא וְאִמְרוּ אָמֵן. [אמן]
יְהֵא שְׁלָמָא רַבָּא מִן שְׁמַיָּא, חַיִּים וְשָׂבָע וִישׁוּעָה וְנֶחָמָה וְשֵׁיזָבָא וּרְפוּאָה וּגְאֻלָּה וּסְלִיחָה וְכַפָּרָה
וְרֶוַח וְהַצָּלָה, לָנוּ וּלְכָל-עַמּוֹ יִשְׂרָאֵל, וְאִמְרוּ אָמֵן. [אמן]
עֹשֶׂה שָׁלוֹם בִּמְרוֹמָיו, הוּא בְּרַחֲמָיו יַעֲשֶׂה שָׁלוֹם עָלֵינוּ, וְעַל כָּל-עַמּוֹ יִשְׂרָאֵל, וְאִמְרוּ אָמֵן.
[אמן]

בִּרְכַּת הַמּוֹצִיא.

בָּרוּךְ אַתָּה יְיָ, אֱלֹהֵינוּ מֶלֶךְ הָעוֹלָם, הַמּוֹצִיא לֶחֶם מִן הָאָרֶץ.

בִּרְכַּת הַמָּזוֹן.

לַמְנַצֵּחַ בִּנְגִינֹת מִזְמוֹר שִׁיר.
אֱלֹהִים יְחָנֵּנוּ וִיבָרְכֵנוּ. יָאֵר פָּנָיו אִתָּנוּ סֶלָה.
לָדַעַת בָּאָרֶץ דַּרְכֶּךָ. בְּכָל גּוֹיִם יְשׁוּעָתֶךָ.
יוֹדוּךָ עַמִּים אֱלֹהִים. יוֹדוּךָ עַמִּים כֻּלָּם.
יִשְׂמְחוּ וִירַנְּנוּ לְאֻמִּים כִּי תִשְׁפֹּט עַמִּים מִישֹׁר. וּלְאֻמִּים בָּאָרֶץ תַּנְחֵם סֶלָה.
יוֹדוּךָ עַמִּים אֱלֹהִים. יוֹדוּךָ עַמִּים כֻּלָּם.
אֶרֶץ נָתְנָה יְבוּלָהּ. יְבָרְכֵנוּ אֱלֹהִים אֱלֹהֵינוּ.
יְבָרְכֵנוּ אֱלֹהִים. וְיִירְאוּ אוֹתוֹ כָּל אַפְסֵי אָרֶץ.

אֲבָרְכָה אֶת יְיָ בְּכָל עֵת. תָּמִיד תְּהִלָּתוֹ בְּפִי.
סוֹף דָּבָר הַכֹּל נִשְׁמָע. אֶת הָאֱלֹהִים יְרָא וְאֶת מִצְוֹתָיו שְׁמוֹר, כִּי זֶה כָּל הָאָדָם.
תְּהִלַּת יְיָ יְדַבֶּר פִּי. וִיבָרֵךְ כָּל בָּשָׂר שֵׁם קָדְשׁוֹ לְעוֹלָם וָעֶד.

גֵיהִנּוֹם. וְנִשְׁמָתוֹ תְּהֵא צְרוּרָה בִּצְרוֹר הַחַיִּים וּלְהַחֲיוֹתוֹ בִּתְחִיַּת הַמֵּתִים עִם כָּל מֵתֵי עַמְּךָ יִשְׂרָאֵל בְּרַחֲמִים. אָמֵן.

אָנָּא אֲדֹנָי לִנְקֵבָה

אָנָּא אֲדֹנָי מָלֵא רַחֲמִים, אֲשֶׁר בְּיָדְךָ נֶפֶשׁ כָּל חַי וְרוּחַ כָּל בְּשַׂר אִישׁ, יְהִיֶה נָא לְרָצוֹן לְפָנֶיךָ תּוֹרָתֵנוּ וּתְפִילָּתֵנוּ בַּעֲבוּר נִשְׁמַת פְּלוֹנִית בַּת פְּלוֹנִי וּפְלוֹנִית, וּגְמוֹל נָא עִמָּהּ חֶסֶד בְּחַסְדְּךָ הַגָּדוֹל לִפְתּוֹחַ לָהּ שַׁעֲרֵי רַחֲמִים וָחֶסֶד וְשַׁעֲרֵי גַּן עֵדֶן, וּתְקַבֵּל אוֹתָהּ בְּאַהֲבָה וּבְחִיבָּה, וּשְׁלַח לָהּ מַלְאָכֶיךָ הַקְּדוֹשִׁים וְהַטְּהוֹרִים לְהוֹלִיכָהּ וּלְהוֹשִׁיבָהּ תַּחַת עֵץ הַחַיִּים, אֵצֶל נִשְׁמוֹת הַצַּדִּיקִים וְהַצִּדְקָנִיּוֹת, חֲסִידִים וַחֲסִידוֹת, לֵיהָנוֹת מִזִּיו שְׁכִינָתְךָ, לְהַשְׂבִּיעָהּ מִטּוּבְךָ הַצָּפוּן לַצַּדִּיקִים. וְהַגּוּף יָנוּחַ בַּקֶּבֶר בִּמְנוּחָה נְכוֹנָה, בְּחֶדְוָה וּבְשִׂמְחָה וְשָׁלוֹם, כְּדִכְתִיב: "יָבוֹא שָׁלוֹם, יָנוּחוּ עַל מִשְׁכְּבוֹתָם הוֹלֵךְ נְכוֹחוֹ", וּכְתִיב: "יַעְלְזוּ חֲסִידִים בְּכָבוֹד, יְרַנְּנוּ עַל מִשְׁכְּבוֹתָם", וּכְתִיב: "אִם תִּשְׁכַּב, לֹא תִפְחָד, וְשָׁכַבְתָּ וְעָרְבָה שְׁנָתֶךָ".

וְתִשְׁמוֹר אוֹתָהּ (אֵין אוֹמְרִים אַחֲרֵי הַשִּׁבְעָה אוֹ שֶׁנִּקְבַּר בְּיוֹם שִׁשִּׁי אַחַר חֲצוֹת הַיּוֹם מֵחִיבּוּט הַקֶּבֶר ו) מֵרִימָּה וְתוֹלֵעָה, וְתִסְלַח וְתִמְחוֹל לָהּ עַל כָּל פְּשָׁעֶיהָ, כִּי אָדָם אֵין צַדִּיק בָּאָרֶץ אֲשֶׁר יַעֲשֶׂה טּוֹב וְלֹא יֶחֱטָא, וּזְכוֹר לָהּ זְכוּיוֹתֶיהָ וְצִדְקוֹתֶיהָ אֲשֶׁר עָשְׂתָה, וְתַשְׁפִּיעַ לָהּ מִנִּשְׁמָתָהּ לְדַשֵּׁן עַצְמוֹתֶיהָ בַּקֶּבֶר מֵרוֹב טוּב הַצָּפוּן לַצַּדִּיקִים, דִּכְתִיב: "מָה רַב טוּבְךָ אֲשֶׁר צָפַנְתָּ לִירֵאֶיךָ", וּכְתִיב: "שׁוֹמֵר כָּל עַצְמוֹתָיו, אַחַת מֵהֵנָּה לֹא נִשְׁבָּרָה". וְתִשְׁכּוֹן · בֶּטַח בָּדָד, וְשַׁאֲנַן מִפַּחַד רָעָה וְאַל תִּרְאֶה פְּנֵי גֵיהִנּוֹם. וְנִשְׁמָתָהּ תְּהֵא צְרוּרָה בִּצְרוֹר הַחַיִּים וּלְהַחֲיוֹתָהּ בִּתְחִיַּת הַמֵּתִים עִם כָּל מֵתֵי עַמְּךָ יִשְׂרָאֵל בְּרַחֲמִים. אָמֵן.

ד. לְאַחַר הַלִּימּוּד אוֹמְרִים "אָמַר ר' אֶלְעָזָר וְכוּ'", קַדִּישׁ עַל יִשְׂרָאֵל.

אָמַר רִבִּי אֶלְעָזָר

אָמַר רִבִּי אֶלְעָזָר אָמַר רִבִּי חֲנִינָא תַּלְמִידֵי חֲכָמִים מַרְבִּים שָׁלוֹם בָּעוֹלָם, שֶׁנֶּאֱמַר וְכָל בָּנַיִךְ לִמּוּדֵי יְיָ וְרַב שְׁלוֹם בָּנָיִךְ, אַל תִּקְרֵי בָּנָיִךְ אֶלָּא בּוֹנָיִךְ. יְהִי שָׁלוֹם בְּחֵילֵךְ שַׁלְוָה בְּאַרְמְנוֹתָיִךְ. לְמַעַן אַחַי וְרֵעָי אֲדַבְּרָה נָא שָׁלוֹם בָּךְ. לְמַעַן בֵּית יְיָ אֱלֹהֵינוּ אֲבַקְשָׁה טוֹב לָךְ. וּרְאֵה בָנִים לְבָנֶיךָ שָׁלוֹם עַל יִשְׂרָאֵל. שָׁלוֹם רָב לְאֹהֲבֵי תוֹרָתֶךָ וְאֵין לָמוֹ מִכְשׁוֹל יְיָ עֹז לְעַמּוֹ יִתֵּן יְיָ יְבָרֵךְ אֶת עַמּוֹ בַשָּׁלוֹם.

ד. לְאַחַר הַלִּימּוּד אוֹמְרִים קַדִּישׁ עַל יִשְׂרָאֵל.

אַזְכָּרַת שִׁבְעָה

א. מִתְפַּלְּלִים מִנְחָה בְּבֵית הָאָבֵל, וּלְאַחַר הַתְּפִילָּה בֵּין מִנְחָה לְעַרְבִית מְקַיְּמִים שִׁיעוּר תּוֹרָה לְעִלּוּי נִשְׁמַת הַנִּפְטָר, וּמַתְחִילִים עַרְבִית בְּמִזְמוֹר לַאֲבֵלִים, ״שִׁמְעוּ זֹאת כָּל..״

ב. לְאַחַר תְּפִילַּת עַרְבִית עוֹרְכִים לִימּוּד בַּזּוֹהַר וּמִשְׁנָיוֹת, (לְגֶבֶר פָּרָשַׁת ׳ וַיְחִי ׳ וְיֵשׁ נוֹהֲגִים ׳ אַחֲרֵי מוֹת ׳, וְלָאִשָּׁה פָּרָשַׁת ׳ חַיֵּי שָׂרָה ׳)

ג. לְאַחַר הַלִּימּוּד אוֹמְרִים ״ אָנָּא ה ״, אָמַר ר׳ אֶלְעָזָר וְכוּ׳ ״, קַדִּישׁ עַל יִשְׂרָאֵל.

ד. מְקַיְּמִים סְעוּדַת מִצְוָה לְכָל הַצִּיבּוּר, כּוֹלֵל בִּרְכַּת הַמּוֹצִיא.

ה. הַחַזָּן מְבָרֵךְ בִּרְכַּת הַמָּזוֹן, וּמְבָרֵךְ הַבּוֹרֵא פְּרִי הַגֶּפֶן עַל כּוֹס יַיִן, וְשׁוֹתֶה שִׁיעוּר רְבִיעִית (86 גר׳) וּמְחַלְּקִים לְכָל הַצִּיבּוּר.

ו. הַחַזָּן מְבָרֵךְ בְּרָכָה מֵעֵין שָׁלֹשׁ עַל הַיַּיִן, ״ עַל הַגֶּפֶן וְעַל פְּרִי הַגֶּפֶן ״.

ז. אוֹמְרִים הַשְׁכָּבָה עַל כּוֹס מַיִם עִם סוּכָּר, כְּשֶׁהַגָּדוֹל בַּבָּנִים מַגִּישׁ לְחַזָּן אוֹ לָרַב אֶת הַכּוֹס הַמַּיִם

ח. בְּסִיּוּם הַהַשְׁכָּבָה הַבֵּן הַגָּדוֹל מְבָרֵךְ שֶׁהַכֹּל וְשׁוֹתֶה מֵהַמַּיִם וּמַעֲבִיר לִשְׁאָר הָאֲבֵלִים, וּלְאַחַר מִכֵּן לְכָל הַצִּיבּוּר.

ט. זְקַן הַצִּיבּוּר מַתְחִיל ״ כָּל יִשְׂרָאֵל יֵשׁ לָהֶם וְכוּ׳ ״ וְהַצִּיבּוּר מַמְשִׁיכִים עַד יַגְדִּיל תּוֹרָה וְיַאְדִּיר, וְהָאֲבֵלִים אוֹמְרִים קַדִּישׁ עַל יִשְׂרָאֵל.

י. הַמִּנְהָג לַעֲלוֹת לְבֵית הַקְּבָרוֹת בַּיּוֹם כְּלוֹת הַשִּׁבְעָה, וְאִם חָל יוֹם הַשְּׁבִיעִי בְּשַׁבָּת, כְּגוֹן שֶׁנִּקְבַּר בְּמוֹצ״ש אוֹ יוֹם רִאשׁוֹן, עוֹלִים לְבֵית הַחַיִּים בַּיּוֹם רִאשׁוֹן וְלֹא יַקְדִּימוּ לַעֲלוֹת בַּיּוֹם שִׁשִּׁי. אוֹ כְּשֶׁחָל הַשִּׁבְעָה בַּיּוֹם טוֹב , אוֹ כְּשֶׁיּוֹם טוֹב מוֹצִיאָם מִדִּין שִׁבְעָה, עוֹלִים לְבֵית הַחַיִּים לְאַחַר הֶחָג. (ילק׳ י)

לְאַחַר עַרְבִית, קוֹרְאִים זוֹהַר וּמִשְׁנָיוֹת וְקוֹדֶם הַקְּרִיאָה מַזְכִּירִים לְעִלּוּי נִשְׁמַת שֵׁם הַנִּפְטָר,וְטוֹב לִקְרוֹא בְּמַסֶּכֶת מִקְוָאוֹת.
לְאַחַר הַלִּימּוּד אוֹמְרִים ״ אָנָּא ה ״, אָמַר ר׳ אֶלְעָזָר וְכוּ׳ ״, קַדִּישׁ עַל יִשְׂרָאֵל.

אָנָּא אֲדֹנָי לִזְכָּר

אָנָּא אֲדֹנָי מָלֵא רַחֲמִים, אֲשֶׁר בְּיָדְךָ נֶפֶשׁ כָּל חַי וְרוּחַ כָּל בְּשַׂר אִישׁ, יְהִיֶה נָא לְרָצוֹן לְפָנֶיךָ תּוֹרָתֵנוּ וּתְפִילָּתֵנוּ בַּעֲבוּר נִשְׁמַת פְּלוֹנִי בֶּן פְּלוֹנִי וּפְלוֹנִית, **וּגְמוֹל נָא עִמּוֹ חֶסֶד בְּחַסְדְּךָ הַגָּדוֹל לִפְתּוֹחַ לוֹ שַׁעֲרֵי רַחֲמִים וָחֶסֶד וְשַׁעֲרֵי גַּן עֵדֶן, וּתְקַבֵּל אוֹתוֹ בְּאַהֲבָה וּבְחִיבָּה, וּשְׁלַח לָהּ מַלְאָכֶיךָ הַקְּדוֹשִׁים וְהַטְּהוֹרִים לְהוֹלִיכָהּ וּלְהוֹשִׁיבָהּ תַּחַת עֵץ הַחַיִּים, אֵצֶל נִשְׁמוֹת הַצַּדִּיקִים וְהַצִּדְקָנִיּוֹת, חֲסִידִים וַחֲסִידוֹת, לֵיהָנוֹת מִזִּיו שְׁכִינָתְךָ, לְהַשְׂבִּיעָהּ מִטּוּבְךָ הַצָּפוּן לַצַּדִּיקִים. וְהַגּוּף יָנוּחַ בַּקֶּבֶר בִּמְנוּחָה נְכוֹנָה, בְּחֶדְוָה וּבְשִׂמְחָה וְשָׁלוֹם, כִּדְכְתִיב: ״יָבוֹא שָׁלוֹם, יָנוּחוּ עַל מִשְׁכְּבוֹתָם הוֹלֵךְ נְכוֹחוֹ״, וּכְתִיב: ״יַעְלְזוּ חֲסִידִים בְּכָבוֹד, יְרַנְּנוּ עַל מִשְׁכְּבוֹתָם״, וּכְתִיב: ״אִם תִּשְׁכַּב, לֹא תִפְחָד, וְשָׁכַבְתָּ וְעָרְבָה שְׁנָתֶךָ״.**

וְתִשְׁמוֹר אוֹתוֹ (אֵין אוֹמְרִים אַחֲרֵי הַשִּׁבְעָה אוֹ שֶׁנִּקְבַּר בְּיוֹם שִׁשִּׁי אַחַר חֲצוֹת הַיּוֹם **מֵחִיבּוּט הַקֶּבֶר ו) מֵרִימָּה וְתוֹלֵעָה, וְתִסְלַח וְתִמְחוֹל לוֹ עַל כָּל פְּשָׁעָיו, כִּי אָדָם אֵין צַדִּיק בָּאָרֶץ אֲשֶׁר יַעֲשֶׂה טּוֹב וְלֹא יֶחֱטָא, וּזְכוֹר לוֹ זְכֻיּוֹתָיו וְצִדְקוֹתָיו אֲשֶׁר עָשָׂה, וְתַשְׁפִּיעַ לוֹ מִנִּשְׁמָתוֹ לְדַשֵּׁן עַצְמוֹתָיו בַּקֶּבֶר מֵרוֹב טוּב הַצָּפוּן לַצַּדִּיקִים, דִּכְתִיב: ״מָה רַב טוּבְךָ אֲשֶׁר צָפַנְתָּ לִּירֵאֶיךָ״, וּכְתִיב: ״שׁוֹמֵר כָּל עַצְמוֹתָיו, אַחַת מֵהֵנָּה לֹא נִשְׁבָּרָה״. וְתִשְׁכּוֹן · בֶּטַח בָּדָד, וְשַׁאֲנָן מִפַּחַד רָעָה וְאַל תִּרְאֶה פְּנֵי**

סֵדֶר אֲבֵלִים כְּמִנְהַג יְהוּדֵי קוֹצִ'ין

תְּפִילּוֹת בְּבֵית הָאָבֵל

א. מִצְוָה לְהִתְפַּלֵּל בַּבַּיִת בּוֹ נִפְטַר הַנִּפְטָר, גַּם כְּשֶׁאֵין שָׁם אֲבֵלִים.

ב. מִצְוָה לְהִתְפַּלֵּל בְּבֵית הַנִּפְטָר, גַּם כְּשֶׁנִּפְטַר בְּבֵית הַחוֹלִים.

ג. כְּשֶׁאֵין אֶפְשָׁרוּת לָשֶׁבֶת שִׁבְעָה בְּבֵית הַנִּפְטָר, אֶפְשָׁר לָשֶׁבֶת בְּמָקוֹם אַחֵר וּמְאַרְגְּנִים מִנְיָן בַּבַּיִת בּוֹ יוֹשְׁבִים הָאֲבֵלִים.

ד. צָרִיךְ לְכַסּוֹת אֶת הַמַּרְאוֹת וְהַתְּמוּנוֹת בְּבֵית הָאֲבֵלִים, וְרָאוּי לַעֲשׂוֹת כֵּן אַף אִם לֹא מִתְפַּלְּלִים שָׁם.

ה. בְּיָמִים שֶׁמּוֹצָאִים ס"ת, הָאֲבֵלִים בָּאִים לְהִתְפַּלֵּל בְּבֵית הַכְּנֶסֶת, וּכְשֶׁאֵין אֶפְשָׁרוּת לְאַרְגֵּן מִנְיָן, רַשָּׁאִים הָאֲבֵלִים לָבוֹא לְבֵית הַכְּנֶסֶת בְּכָל יְמֵי הַשִּׁבְעָה.

ו. אֵין אוֹמְרִים וִידּוּי וּנְפִילַת אַפַּיִם וּנְפִילַת אַפַּיִם בִּתְפִלּוֹת שֶׁבְּבֵית הָאֲבֵלִים.

ז. לְאַחַר שִׁיר שֶׁל יוֹם אוֹמְרִים "שִׁמְעוּ זֹאת כָּל הָעַמִּים" (תְּהִלִּים מ"ט)

ח. אָנוּ נוֹהֲגִים לוֹמַר פֶּרֶק זֶה גַּם לִפְנֵי תְּפִילַּת עַרְבִית.

ט. לְאַחַר תְּפִילַּת עַרְבִית וְשַׁחֲרִית, בְּכָל יְמֵי הַשִּׁבְעָה, אוֹמְרִים צִידּוּק הַדִּין (עמ' 26), וּלְאַחַר מִכֵּן הַשְׁכָּבָה (עמ' 26), ואח"כ אוֹמְרִים הָאֲבֵלִים קַדִּישׁ דְּהוּא עָתִיד לְחַדְתָּא (עמ' 27), וּבְיוֹם הָאַחֲרוֹן שֶׁל הָאָבֵל מוֹסִיפִים אֶת הַפָּסוּק ' לֹא יָבוֹא . .' (עמ' 45)

אבלות בְּשַׁבָּת שֶׁל הָאָבֵל

א. בְּעֶרֶב שַׁבָּת כַּחֲצִי שָׁעָה לִפְנֵי כְּנִיסַת הַשַּׁבָּת, קָם הָאָבֵל מֵהָרִצְפָּה, מַחְלִיף בְּגָדָיו הָעֶלְיוֹנִים, וּמִתְאַרְגֵּן לְשַׁבָּת. (אֵין מִתְקַלְּחִים וְאֵין מַחְלִיפִים בְּגָדִים תַּחְתּוֹנִים),

ב. הַשַּׁבָּת עוֹלָה לְמִנְיַן שִׁבְעָה, אַךְ אֵין לִנְהוֹג אֲבֵלוּת בִּדְבָרִים הַנִּרְאִים לַכֹּל, אַךְ בִּדְבָרִים שֶׁאֵינָם נִרְאִים, נוֹהֲגִים כְּמוֹ בִּימֵי הַחוֹל.

ג. הָאֲבֵלִים יוֹשְׁבִים בְּשַׁבָּת עַל גַּבֵּי כִּסְאוֹת.

ד. אָסוּר לְאָבֵל לְשַׁמֵּשׁ מִיטָּתוֹ בְּשַׁבָּת שֶׁבְּתוֹךְ הַשִּׁבְעָה.

ה. בְּבִרְכַּת הַמָּזוֹן בְּשַׁבָּת אֵין מוֹסִיפִים בִּרְכַּת ' נַחֵם ', מִפְּנֵי שֶׁזֶּה נֶחְשָׁב לַאֲבֵלוּת בְּפַרְהֶסְיָה.

ו. נוֹהֲגִים לָבוֹא לְבֵית הָאָבֵל וְלוֹמַר פִּרְקֵי תְּהִלִּים עַד תְּפִילַּת הַמִּנְחָה.

ז. לְאַחַר לִימּוּד תְּהִלִּים, עוֹרְכִים בְּרָכוֹת עַל מְזוֹנוֹת וּפֵירוֹת לְהַרְבּוֹת בִּבְרָכוֹת.

ח. בְּשַׁבָּת בַּבּוֹקֶר וּבְמִנְחָה, הָאֲבֵלִים הוֹלְכִים לְהִתְפַּלֵּל בְּבֵית הַכְּנֶסֶת.

מוֹצָאֵי שַׁבָּת

א. בְּמוֹצָאֵי שַׁבָּת מִתְפַּלְּלִים בְּבֵית הָאָבֵל, וּמִיָּד לְאַחַר הַתְּפִילָּה, מַחְלִיפִים הָאֲבֵלִים אֶת בִּגְדֵי הַשַּׁבָּת וּמַמְשִׁיכִים אֶת הָאֲבֵלוּת.

ב. אִם יַעֲבוֹר זְמַן קִידּוּשׁ הַלְּבָנָה תּוֹךְ שִׁבְעָה, יְבָרֵךְ אַךְ לֹא עִם הַצִּיבּוּר.

סֵדֶר אֲבֵלִים כְּמִנְהַג יְהוּדֵי קוֹצִ׳ין

וּבְנֵה יְרוּשָׁלַיִם עִיר הַקֹּדֶשׁ בִּמְהֵרָה בְיָמֵינוּ וְהַעֲלֵנוּ לְתוֹכָהּ וְשַׂמְּחֵנוּ בְּבִנְיָנָהּ וְנֹאכַל מִפִּרְיָהּ וְנִשְׂבַּע מִטּוּבָהּ וּנְבָרֶכְךָ עָלֶיהָ בִּקְדֻשָּׁה וּבְטָהֳרָה.

בר״ח: וְזָכְרֵנוּ לְטוֹבָה בְּיוֹם רֹאשׁ הַחֹדֶשׁ הַזֶּה.

כִּי אַתָּה יְיָ טוֹב וּמֵטִיב לַכֹּל וְנוֹדֶה לְּךָ עַל הָאָרֶץ וְעַל הַמִּחְיָה וְעַל הַכַּלְכָּלָה.

בִּרְכוֹת הַנֶּהֱנִין

עַל כָּל פְּרִי הָעֵץ מְבָרֵךְ:

בָּרוּךְ אַתָּה יְיָ אֱלֹהֵינוּ מֶלֶךְ הָעוֹלָם בּוֹרֵא פְּרִי הָעֵץ.

עַל פְּרִי הָאֲדָמָה מְבָרֵךְ:

בָּרוּךְ אַתָּה יְיָ אֱלֹהֵינוּ מֶלֶךְ הָעוֹלָם בּוֹרֵא פְּרִי הָאֲדָמָה.

עַל בָּשָׂר, דָּגִים, חָלָב, בֵּיצָה, גְּבִינָה, פִּטְרִיּוֹת וְכַדּוֹמֶה. וְעַל הַמַּשְׁקִים חוּץ מִיַּיִן אוֹמֵר:

בָּרוּךְ אַתָּה יְיָ אֱלֹהֵינוּ מֶלֶךְ הָעוֹלָם שֶׁהַכֹּל נִהְיָה בִּדְבָרוֹ.

וּלְבַסּוֹף יְבָרֵךְ בְּרָכָה זוֹ

בָּרוּךְ אַתָּה יְיָ אֱלֹהֵינוּ מֶלֶךְ הָעוֹלָם בּוֹרֵא נְפָשׁוֹת רַבּוֹת וְחֶסְרוֹנָן עַל כָּל מַה שֶּׁבָּרָא לְהַחֲיוֹת בָּהֶם נֶפֶשׁ כָּל חָי. בָּרוּךְ חֵי הָעוֹלָמִים.

וְעַל תּוֹרָתְךָ שֶׁלִּמַּדְתָּנוּ. וְעַל חֻקֵּי רְצוֹנָךְ שֶׁהוֹדַעְתָּנוּ. וְעַל חַיִּים וּמָזוֹן שֶׁאַתָּה זָן וּמְפַרְנֵס וּמְכַלְכֵּל וּמְחַיֶּה אוֹתָנוּ.

וְעַל הַכֹּל יְיָ אֱלֹהֵינוּ אֲנַחְנוּ מוֹדִים לָךְ וּמְבָרְכִים אֶת שְׁמָךְ כָּאָמוּר וְאָכַלְתָּ וְשָׂבָעְתָּ. וּבֵרַכְתָּ אֶת יְיָ אֱלֹהֶיךָ עַל הָאָרֶץ הַטּוֹבָה אֲשֶׁר נָתַן לָךְ. בָּרוּךְ אַתָּה יְיָ, עַל הָאָרֶץ וְעַל הַמָּזוֹן.

רַחֵם יְיָ אֱלֹהֵינוּ עָלֵינוּ וְעַל יִשְׂרָאֵל עַמָּךְ. וְעַל יְרוּשָׁלַיִם עִירָךְ. וְעַל הַר צִיּוֹן מִשְׁכַּן כְּבוֹדָךְ. וְעַל הֵיכָלָךְ. וְעַל מְעוֹנָךְ. וְעַל דְּבִירָךְ. וְעַל הַבַּיִת הַגָּדוֹל וְהַקָּדוֹשׁ שֶׁנִּקְרָא שִׁמְךָ עָלָיו. אָבִינוּ רְעֵנוּ זוּנֵנוּ. פַּרְנְסֵנוּ. כַּלְכְּלֵנוּ. הַרְוִיחֵנוּ הַרְוַח לָנוּ מְהֵרָה מִכָּל צָרוֹתֵינוּ. וְנָא אַל תַּצְרִיכֵנוּ יְיָ אֱלֹהֵינוּ לִידֵי מַתְּנוֹת בָּשָׂר וָדָם. וְלֹא לִידֵי הַלְוָאָתָם שֶׁמַּתְּנָתָם מְעוּטָה וְחֶרְפָּתָם מְרוּבָּה. אֶלָּא לְיָדְךָ הַמְּלֵאָה וְהָרְחָבָה. הָעֲשִׁירָה וְהַפְּתוּחָה. שֶׁלֹּא נֵבוֹשׁ בָּעוֹלָם הַזֶּה. וְלֹא נִכָּלֵם לָעוֹלָם הַבָּא. וּמַלְכוּת בֵּית דָּוִד מְשִׁיחָךְ תַּחֲזִירֶנָּה לִמְקוֹמָהּ בִּמְהֵרָה בְיָמֵינוּ.

בְּרֹאשׁ חֹדֶשׁ אוֹמְרִים 'יַעֲלֶה וְיָבֹא'

אֱלֹהֵינוּ וֵאלֹהֵי אֲבוֹתֵינוּ יַעֲלֶה וְיָבֹא וְיַגִּיעַ וְיֵרָאֶה וְיֵרָצֶה וְיִשָּׁמַע וְיִפָּקֵד וְיִזָּכֵר זִכְרוֹנֵנוּ וְזִכְרוֹן אֲבוֹתֵינוּ. זִכְרוֹן יְרוּשָׁלַיִם עִירָךְ. וְזִכְרוֹן מָשִׁיחַ בֶּן דָּוִד עַבְדָּךְ. וְזִכְרוֹן כָּל עַמְּךָ בֵּית יִשְׂרָאֵל לְפָנֶיךָ לִפְלֵיטָה לְטוֹבָה. לְחֵן לְחֶסֶד וּלְרַחֲמִים. לְחַיִּים טוֹבִים וּלְשָׁלוֹם. בְּיוֹם, רֹאשׁ חֹדֶשׁ הַזֶּה. לְרַחֵם בּוֹ עָלֵינוּ וּלְהוֹשִׁיעֵנוּ. זָכְרֵנוּ יְיָ אֱלֹהֵינוּ בּוֹ לְטוֹבָה. וּפָקְדֵנוּ בוֹ לִבְרָכָה. וְהוֹשִׁיעֵנוּ בוֹ לְחַיִּים טוֹבִים. בִּדְבַר יְשׁוּעָה וְרַחֲמִים. חוּס וְחָנֵּנוּ וַחֲמוֹל וְרַחֵם עָלֵינוּ. וְהוֹשִׁיעֵנוּ כִּי אֵלֶיךָ עֵינֵינוּ. כִּי אֵל מֶלֶךְ חַנּוּן וְרַחוּם אָתָּה. (עַד כָּאן רֹאשׁ חֹדֶשׁ)

נַחֵם יְיָ אֱלֹהֵינוּ אֶת אֲבֵלֵי צִיּוֹן וְאֶת אֲבֵלֵי יְרוּשָׁלַיִם וְאֶת הָאֲבֵלִים הַמִּתְאַבְּלִים בָּאֵבֶל הַזֶּה נַחֲמֵם מֵאֶבְלָם וְשַׂמְּחֵם מִיגוֹנָם. כָּאָמוּר. כְּאִישׁ אֲשֶׁר אִמּוֹ תְּנַחֲמֶנּוּ, כֵּן אָנֹכִי אֲנַחֶמְכֶם וּבִירוּשָׁלַיִם תְּנֻחָמוּ. בָּרוּךְ אַתָּה יְיָ, מְנַחֵם אֲבֵלִים בְּבִנְיַן יְרוּשָׁלַיִם בִּמְהֵרָה בְיָמֵינוּ אָמֵן. בְּחַיֵּינוּ וּבְחַיֵּי כָּל קְהַל בֵּית יִשְׂרָאֵל תִּבָּנֶה עִיר צִיּוֹן וְתִכּוֹן הָעֲבוֹדָה בִּירוּשָׁלַיִם.

בָּרוּךְ אַתָּה יְיָ, אֱלֹהֵינוּ מֶלֶךְ הָעוֹלָם, לָעַד הָאֵל אָבִינוּ מַלְכֵּנוּ אַדִּירֵנוּ. בּוֹרְאֵנוּ. גּוֹאֲלֵנוּ. קְדוֹשֵׁנוּ. קְדוֹשׁ יַעֲקֹב. הַמֶּלֶךְ הַחַי הַטּוֹב וְהַמֵּטִיב אֵל אֱמֶת שׁוֹפֵט בְּצֶדֶק לוֹקֵחַ נְפָשׁוֹת שַׁלִּיט בְּעוֹלָמוֹ לַעֲשׂוֹת כִּרְצוֹנוֹ וַאֲנַחְנוּ עַמּוֹ וַעֲבָדָיו וְעַל הַכֹּל אֲנַחְנוּ חַיָּבִים לְהוֹדוֹת לוֹ וּלְבָרְכוֹ גּוֹדֵר פְּרָצוֹת הוּא יִגְדּוֹר אֶת הַפִּרְצָה הַזֹּאת מֵעָלֵינוּ וּמֵעַל עַמּוֹ יִשְׂרָאֵל בְּרַחֲמִים. עוֹשֶׂה שָׁלוֹם בִּמְרוֹמָיו, הוּא בְּרַחֲמָיו יַעֲשֶׂה שָׁלוֹם עָלֵינוּ, וְעַל כָּל עַמּוֹ יִשְׂרָאֵל וְאִמְרוּ אָמֵן.

מְזוֹנוֹת

אִם יֵשׁ מִינֵי מַאֲפֶה מֵחֲמֵשֶׁת מִינֵי דָּגָן אוֹ מְבֻשָּׁל בַּקְּדֵרָה וכיו"ב יְבָרֵךְ בִּתְחִילָּה בּוֹרֵא מִינֵי מְזוֹנוֹת

בָּרוּךְ אַתָּה יְיָ, אֱלֹהֵינוּ מֶלֶךְ הָעוֹלָם בּוֹרֵא מִינֵי מְזוֹנוֹת

בַּסּוֹף יְבָרֵךְ בְּרָכָה זוֹ

בָּרוּךְ אַתָּה יְיָ, אֱלֹהֵינוּ מֶלֶךְ הָעוֹלָם עַל הַמִּחְיָה וְעַל הַכַּלְכָּלָה וְעַל תְּנוּבַת הַשָּׂדֶה וְעַל אֶרֶץ חֶמְדָּה טוֹבָה וּרְחָבָה שֶׁרָצִיתָ וְהִנְחַלְתָּ לַאֲבוֹתֵינוּ לֶאֱכוֹל מִפִּרְיָהּ וְלִשְׂבּוֹעַ מִטּוּבָהּ, רַחֵם נָא יְיָ, אֱלֹהֵינוּ עַל יִשְׂרָאֵל עַמָּךְ וְעַל יְרוּשָׁלַיִם עִירָךְ וְעַל צִיּוֹן מִשְׁכַּן כְּבוֹדָךְ וְעַל מִזְבְּחָךְ וְעַל הֵיכָלָךְ.

סְעוּדַת הַבְרָאָה

א. הָאָבֵל לְאַחַר שֶׁחוֹזֵר מִבֵּית הַחַיִּים, אֵינוֹ אוֹכֵל סְעוּדָה הָרִאשׁוֹנָה מִשֶּׁלּוֹ. וּמִצְוָה עַל מַכָּרָיו אוֹ שְׁכֵנָיו שֶׁיִּשְׁלְחוּ לוֹ לַסְּעוּדָה הָרִאשׁוֹנָה, וְנִקְרֵאת סְעוּדַת הַבְרָאָה. וְכֵן כְּשֶׁהָאָבֵל נוֹתֵן כֶּסֶף לִקְנִיּוֹת לִסְעוּדַת הַבְרָאָה, נֶחְשָׁב לַסְּעוּדָה שֶׁלּוֹ.

ב. עִקַּר הַסְּעוּדָה לְכַתְּחִילָּה בַּלֶּחֶם, וּמִנְהָגֵינוּ לֶאֱכוֹל בֵּיצִים שְׁלוּקוֹת וּלְבָרֵךְ דַּוְקָא עַל שֵׁכָר (עָרַק) וְהַמְּבָרֵךְ שׁוֹתֶה ואח"כ נוֹתֵן לַאֲבֵלִים לוֹמְדִים זֹאת מֵהַפָּסוּק "תְּנוּ שֵׁכָר לְאוֹבֵד וְיַיִן לְמָרֵי נָפֶשׁ" (מִשְׁלֵי ל"א)

ג. אִישָּׁה, אֵין מְבָרְכִים אֲנָשִׁים אוֹתָהּ אֶלָּא נָשִׁים וְכֵן לְהֵפֶךְ אִישׁ, אֲנָשִׁים מְבָרְכִים וְלֹא נָשִׁים.

ד. כְּשֶׁנִּקְבַּר בְּחוֹל הַמּוֹעֵד אֵין אָנוּ נוֹהֲגִים לַעֲשׂוֹת סְעוּדַת הַבְרָאָה.

בִּרְכַּת הַשֵּׁכָר

בָּרוּךְ אַתָּה יְיָ, אֱלֹהֵינוּ מֶלֶךְ הָעוֹלָם שֶׁהַכֹּל נִהְיָה בִּדְבָרוֹ.

בָּרוּךְ אַתָּה יְיָ, אֱלֹהֵינוּ מֶלֶךְ הָעוֹלָם, דַּיָּין בֶּאֱמֶת וְדַיָּין הָרַחֲמִים שׁוֹפֵט אֱמוּנוֹת שֶׁדָּנֵנוּ דִּין אֲמִתּוֹ. כַּכָּתוּב הַצּוּר תָּמִים פָּעֳלוֹ כִּי כָל דְּרָכָיו מִשְׁפָּט, אֵל אֱמוּנָה וְאֵין עָוֶל צַדִּיק וְיָשָׁר הוּא. צַדִּיק אַתָּה יְיָ וְיָשָׁר מִשְׁפָּטֶיךָ, בָּרוּךְ אַתָּה יְיָ מְנַחֵם כָּל אֲבֵלִים.

בִּרְכַּת נְטִילַת יָדַיִם וְהַמּוֹצִיא

שְׂאוּ יְדֵיכֶם קוֹדֶשׁ וּבָרְכוּ אֶת יְיָ. וְאֶשָּׂא כַפַּי אֶל מִצְוֹתֶיךָ אֲשֶׁר אָהָבְתִּי, בָּרוּךְ אַתָּה יְיָ, אֱלֹהֵינוּ מֶלֶךְ הָעוֹלָם אֲשֶׁר קִדְּשָׁנוּ בְּמִצְוֹתָיו, וְצִוָּנוּ עַל נְטִילַת יָדַיִם.

בָּרוּךְ אַתָּה יְיָ, אֱלֹהֵינוּ מֶלֶךְ הָעוֹלָם, הַמּוֹצִיא לֶחֶם מִן הָאָרֶץ.

בִּרְכַּת הַמָּזוֹן לַאֲבֵלִים

בְּכָל שִׁבְעַת יְמֵי הָאֵבֶל נוֹהֲגִים לֹא לוֹמַר הָרַחֲמָן בְּבִרְכַּת הַמָּזוֹן אֶלָּא נוֹסַח זֶה.

נְבָרֵךְ מְנַחֵם אֲבֵלִים שֶׁאָכַלְנוּ מִשֶּׁלּוֹ.

הַקָּהָל עוֹנִים

בָּרוּךְ מְנַחֵם אֲבֵלִים שֶׁאָכַלְנוּ מִשֶּׁלּוֹ.

וּבְטוּבוֹ חָיִינוּ, בָּרוּךְ הוּא בָּרוּךְ שְׁמוֹ וּבָרוּךְ זִכְרוֹ לְעוֹלְמֵי עַד.

בָּרוּךְ אַתָּה יְיָ, אֱלֹהֵינוּ מֶלֶךְ הָעוֹלָם, הַזָּן אֶת הָעוֹלָם כֻּלּוֹ בְּטוּבוֹ בְּחֵן בְּחֶסֶד וּבְרַחֲמִים. נֹתֵן לֶחֶם לְכָל בָּשָׂר. כִּי לְעוֹלָם חַסְדּוֹ. וְטוּבוֹ הַגָּדוֹל תָּמִיד לֹא חָסַר לָנוּ וְאַל יֶחְסַר לָנוּ מָזוֹן תָּמִיד לְעוֹלָם וָעֶד. כִּי הוּא זָן וּמְפַרְנֵס לַכֹּל וְשֻׁלְחָנוֹ עָרוּךְ לַכֹּל וְהִתְקִין מִחְיָה וּמָזוֹן לְכָל בְּרִיּוֹתָיו אֲשֶׁר בָּרָא בְּרַחֲמָיו וּבְרוֹב חֲסָדָיו כָּאָמוּר. פּוֹתֵחַ אֶת יָדֶךָ, וּמַשְׂבִּיעַ לְכָל חַי רָצוֹן. בָּרוּךְ אַתָּה יְיָ, הַזָּן בְּרַחֲמָיו אֶת הַכֹּל.

נוֹדֶה לְּךָ יְיָ אֱלֹהֵינוּ עַל שֶׁהִנְחַלְתָּ לַאֲבוֹתֵינוּ אֶרֶץ חֶמְדָּה טוֹבָה וּרְחָבָה בְּרִית וְתוֹרָה חַיִּים וּמָזוֹן. עַל שֶׁהוֹצֵאתָנוּ מֵאֶרֶץ מִצְרַיִם וּפְדִיתָנוּ מִבֵּית עֲבָדִים. וְעַל בְּרִיתְךָ שֶׁחָתַמְתָּ בִּבְשָׂרֵנוּ.

סֵדֶר אֲבֵלִים כְּמִנְהָג יְהוּדֵי קוֹצִ'ין

ב. זְקֵנִים אוֹ חוֹלִים הַמִּתְקַשִּׁים לָשֶׁבֶת בָּרִצְפָּה, יְכוֹלִים לָשֶׁבֶת עַל כִּסֵּא נָמוּךְ שֶׁאֵינוֹ גָּבוֹהַּ מ 30 ס"מ.

ג. הָאָבֵל יָשֵׁן בַּלַּיְלָה עַל גַּבֵּי מִזְרָן בָּרִצְפָּה, אוּלָם זְקֵנִים תְּשׁוּשִׁים יְכוֹלִים לִישׁוֹן עַל גַּבֵּי מִטָּה, וְיֵשׁ מְקִילִים גַּם לָאֵלּוּ שֶׁאֵינָם תְּשׁוּשִׁים לִישׁוֹן עַל הַמִּיטָּה.

לִפְרוֹעַ אֶת רֹאשׁוֹ

א. אָבֵל עוֹטֵף אֶת רֹאשׁוֹ בִּימֵי הַחוֹל שֶׁל הָאֲבֵלוּת. מִנְהָגֵנוּ שֶׁהָאֲבֵלִים מְכַסִּים אֶת רֹאשָׁם בְּבַד לָבָן. (וּמְעַגְּלִים זָוִית אַחַת, כְּדֵי שֶׁלֹּא יִתְחַיֵּיב בְּצִיצִית).

ב. הָאֲבֵלִים עוֹטְפִים אֶת הָרֹאשׁ בַּיּוֹם וּבַלַּיְלָה.

ג. כְּשֶׁבָּאִים מְנַחֲמִים, יְכוֹלִים הָאֲבֵלִים לְגַלּוֹת רֹאשָׁם.

לִשְׁאוֹל שָׁלוֹם

א. אֵין מְבָרְכִים אֶת הָאָבֵל בְּשָׁלוֹם, וְהָאֵבֶל אֵינוֹ מְבָרֵךְ אֶת הַמְנַחֲמִים בְּשָׁלוֹם.

ב. אֵין מְבָרְכִים גַּם אֶת הָאֲבֵלִים גַּם בְּבִרְכַּת ' בּוֹקֶר טוֹב ', אוֹ ' עֶרֶב טוֹב ', וכד'.

ג. אִם הַמְנַחֲמִים אָמְרוּ שָׁלוֹם לְאָבֵל, בִּשְׁלוֹשָׁה יָמִים רִאשׁוֹנִים. יֹאמַר לָהֶם בְּלָשׁוֹן רַכָּה שֶׁאֵין אוֹמְרִים ' שָׁלוֹם ' מִפְּנֵי שֶׁהוּא אָבֵל

ד. בִּשְׁלוֹשָׁה יָמִים אַחֲרוֹנִים יָכוֹל לַעֲנוֹת לָהֶם ' שָׁלוֹם ' בְּקוֹל נָמוּךְ.

ה. יֵשׁ נוֹהֲגִים לִלְחוֹץ לְאָבֵל יָד בִּזְמַן הַנִּיחוּם, אָמְנָם רַשָּׁאִים לַעֲשׂוֹת זֹאת, אַךְ אֵין מִנְהָגֵנוּ כָּךְ.

כְּלָלִי

א. אֵין לְהַסִּיחַ דַּעְתּוֹ מִן הָאֲבֵלוּת, לָכֵן אֵינוֹ מַחְזִיק תִּינוֹק וּמְשַׂחֵק עִמּוֹ.

ב. בְּבִרְכַּת הַמָּזוֹן בְּבֵית הָאֲבֵלִים מוֹסִיפִים בִּרְכַּת " נַחֵם " כְּפִי שֶׁמּוֹפִיעַ בַּסִּדּוּרִים.

ג. לֹא אוֹמְרִים בְּבֵית הָאָבֵל ' הָרַחֲמָן ' בְּבִרְכַּת הַמָּזוֹן.

ד. לֹא נָהוּג שֶׁהָאָבֵל יוֹצֵא מֵהַבַּיִת בִּזְמַן הַשִּׁבְעָה.

ה. אָבֵל הַיּוֹשֵׁב שִׁבְעָה שֶׁלֹּא בְּבֵיתוֹ וּמְעוּנְיָין לִישׁוֹן בַּלַּיְלָה בְּבֵיתוֹ, יַעֲשֶׂה זֹאת בִּשְׁעַת לַיְלָה כְּשֶׁאֵין אֲנָשִׁים מִסְתּוֹבְבִים בָּרְחוֹב.

ה. אֵין אִישָּׁה אֲבֵלָה מִתְאַפֶּרֶת, וְאֵין הֶבְדֵּל בָּזֶה בֵּין רַוָּקָה לַנְּשׂוּאָה.

לָסוּךְ

א. הָאָבֵל אֵינוֹ מֹרֵחַ שֶׁמֶן אוֹ מִשְׁחוֹת שׁוּמְנִיּוֹת, אֲפִילוּ בְּחֵלֶק קָטָן מִגּוּפוֹ כְּשֶׁמִּתְכַּוֵּן לְשֵׁם תַּעֲנוּג.
ב. מֻתָּר לְמָרֵחַ מִשְׁחָה לַצּוֹרֶךְ רְפוּאִי (יוֹבֶשׁ, קַשְׂקֶשֶׂת, וכד'...) אוֹ כְּדֵי לְהִתְנַקּוֹת.

לְשַׁמֵּשׁ מִיטָתוֹ

א. אָבֵל אֵינוֹ מְשַׁמֵּשׁ בְּתַשְׁמִישׁ הַמִּיטָה כָּל הַשִּׁבְעָה, וְרָאוּי גַּם שֶׁלֹּא יִישַׁן עִם אִשְׁתּוֹ בְּאוֹתָהּ מִטָּה.
ב. מֻתָּר לְאָבֵל לִנְגֹּעַ בְּאִשְׁתּוֹ, וּלְהַעֲבִיר חֲפָצִים מִיָּדוֹ לְיָדָהּ.

לִנְעוֹל אֶת הַסַּנְדָּל

א. הָאָבֵל אֵינוֹ נוֹעֵל נַעֲלֵי עוֹר, אֶלָּא רַק נַעֲלֵי בַּד אוֹ גּוּמִי.
ב. יוֹלֶדֶת, חוֹלֶה הָרָגִישׁ לַקֹּר, אוֹ פָּצוּעַ בְּרַגְלוֹ, יְכוֹלִים לִנְעוֹל נַעֲלֵי עוֹר.
ג. נוֹהֲגִים שֶׁהָאֲבֵלִים חוֹלְצִים נַעֲלַיִם מִיַּד אַחֲרֵי סְתִימַת הַקֶּבֶר בֶּעָפָר.
ד. כְּשֶׁאֵין אֶפְשָׁרוּת לִנְעוֹל נַעֲלֵי בַּד אוֹ גּוּמִי מִיַּד לְאַחַר הַקְּבוּרָה, יָשִׂים מְעַט חוֹל בִּנְעָלַיִם, עַד שֶׁיַּגִּיעַ לְבֵיתוֹ, וְיִנְעַל נַעֲלֵי בַּד אוֹ גּוּמִי.

לַעֲשׂוֹת מְלָאכָה

א. הָאָבֵל אֵינוֹ עוֹבֵד כָּל שִׁבְעַת יְמֵי הָאֲבֵלוּת.
ב. עֲבוֹדוֹת הַבַּיִת כְּגוֹן: אֲפִיָּה, בִּשּׁוּל, הֲדָחַת כֵּלִים, הַצָּעַת הַמִּטּוֹת, אֵינָם נֶחְשָׁבִים לַעֲבוֹדָה, וּמֻתָּר לַאֲבֵלִים לַעֲשׂוֹתָם בִּימֵי הַשִּׁבְעָה.
ג. בְּמִקְרִים בָּהֶם יִגָּרֵם נֶזֶק כַּסְפִּי כָּבֵד, צָרִיךְ לִשְׁקֹל כֵּיצַד לִנְהֹג.
ד. שֻׁתָּפִים בְּעֵסֶק אוֹ בַּחֲנוּת שֶׁאֶחָד מֵהֶם אָבֵל, צְרִיכִים לִסְגּוֹר אֶת הַחֲנוּת אוֹ הָעֵסֶק, וְאִי אֶפְשַׁר לְהַפְעִיל אֶת הָעֵסֶק ע"י הַשּׁוּתָּף הַשֵּׁנִי.
ה. הַשּׁוּתָּף שֶׁאֵינוֹ אָבֵל, יָכוֹל לְהִתְעַסֵּק בְּעִנְיָנֵי הַחֲנוּת בְּבֵיתוֹ. (כְּגוֹן נִיהוּל חֶשְׁבּוֹנוֹת וכד...)

לִקְרוֹא בִּדְבַר תּוֹרָה

א. הָאָבֵל אֵינוֹ לוֹמֵד תּוֹרָה, נְבִיאִים, כְּתוּבִים, מִשְׁנָה גְּמָרָא, הֲלָכוֹת וְאַגָּדוֹת.
ב. יָכוֹל הָאָבֵל לִלְמוֹד הִלְכוֹת אֲבֵלוּת, וּדְבָרִים שֶׁמֻּתָּר לִלְמוֹד בָּהֶם בְּתִשְׁעָה בְּאָב.
ג. הָאָבֵל יָכוֹל לִלְמֹד מוּסָר, כְּדֵי לָשׁוּב בִּתְשׁוּבָה שְׁלֵימָה (אַחֲרוֹנִים).
ד. הָאָבֵל אֵינוֹ לוֹמֵד "חוֹק לְיִשְׂרָאֵל", אֲפִילוּ אִם רָגִיל לִלְמוֹד בְּכָל יוֹם, וַאֲפִילוּ בְּשַׁבַּת שֶׁל הַשִּׁבְעָה. (אַחֲרוֹנִים)
ה. מֻתָּר לְאָבֵל בְּשַׁבַּת שֶׁל הָאֲבֵלוּת לִקְרוֹא אֶת פָּרָשַׁת הַשָּׁבוּעַ, שְׁנַיִם מִקְרָא וְאֶחָד תַּרְגּוּם, אֲבָל אֵינוֹ לוֹמֵד פֵּירוּשׁ רש"י עַל הַחוּמָשׁ.
ו. יֵשׁ נוֹהֲגִים לִקְרוֹא תְּהִלִּים בִּימֵי הָאֲבֵלוּת דֶּרֶךְ בַּקָּשָׁה וְתַחֲנוּנִים, אַךְ אֵין מִנְהָגֵנוּ כָּךְ.

לִזְקוֹף הַמִּיטָה

א. אֵין הָאָבֵל כָּל הַשִּׁבְעָה יוֹשֵׁב עַל כִּסֵּא, אֶלָּא יוֹשֵׁב עַל גַּבֵּי מִזְרָן, אוֹ שְׂמִיכָה הַפְּרוּסָה עַל הָרִצְפָּה.

אֲבֵלוּת שִׁבְעָה

מָתַי מַתְחִילָה הָאֲבֵלוּת

א. הָאֲבֵלוּת מַתְחִילָה לְאַחַר הַקְּבוּרָה, חוֹלְצִים נַעֲלַיִם מִיַּד, וְיוֹשְׁבִים עַל מִזְרוֹן, אוֹ כָּרִיּוֹת.
ב. נִקְבַּר בֵּין הַשְּׁמָשׁוֹת, נֶחְשַׁב יוֹם רִאשׁוֹן לַאֲבֵלוּת וּמוֹסִיף שִׁשָּׁה יָמִים.
ג. נִמְצָא רָחוֹק וְנוֹדַע לוֹ עַל מֵת שֶׁחַיָּב לְהִתְאַבֵּל עָלָיו, מַתְחִיל מֵרֶגַע שֶׁנּוֹדַע לוֹ.
ד. חָתָן אוֹ כַּלָּה מִתְאַבְּלִים רַק לְאַחַר שִׁבְעַת יְמֵי הַמִּשְׁתֶּה.

יְשִׁיבָה עַל הַקַּרְקַע

א. כָּל "הַשִּׁבְעָה" יוֹשְׁבִים עַל הַקַּרְקַע וְשָׂמִים כָּרִים וּכְסָתוֹת, וְאֵין יְשֵׁנִים עַל הַמִּיטָה, אֶלָּא רַק זְקֵנִים וְחוֹלִים.
ב. הָאֲבֵלִים יְכוֹלִים לַעֲמֹד, אֲבָל כַּאֲשֶׁר מְנַחֲמִים אוֹתָם עֲלֵיהֶם לָשֶׁבֶת.

מַה אָסוּר בְּשִׁבְעָה

"אֵלּוּ דְּבָרִים שֶׁהָאָבֵל אֵינוֹ עוֹשֶׂה בָּהֶם בְּשִׁבְעָה: אֵינוֹ מִסְתַּפֵּר, מְכַבֵּס, מִתְרַחֵץ, מְסוּךְ, מְשַׁמֵּשׁ מִיטָתוֹ, נוֹעֵל אֶת הַסַּנְדָּל, עוֹשֶׂה מְלָאכָה, לוֹמֵד בְּדִבְרֵי תּוֹרָה, מַזְקִיף אֶת הַמִּיטָה, פּוֹרֵעַ אֶת רֹאשׁוֹ, שׁוֹאֵל שָׁלוֹם, הַכֹּל אֶחָד עָשָׂר דָּבָר".

לְהִסְתַּפֵּר

א. הָאָבֵל אֵינוֹ מִסְתַּפֵּר מִתְגַּלֵּחַ (כּוֹלֵל יִישּׁוּר זָקָן וְקִיצּוּר שָׂפָם) כָּל הַשִּׁבְעָה.
ב. נוֹהַג גַּם הַנָּשִׁים אֲבֵלוֹת אֵינָן עוֹשׂוֹת דָּבָר בְּכָל שֵׂיעָר שֶׁבַּגּוּף.
ג. מֻתָּר לְהִסְתָּרֵק בְּשִׁבְעָה וְיֵשׁ נוֹהֲגִים שֶׁרַק נָשִׁים מִסְתָּרְקוֹת בְּשִׁבְעָה.
ד. אֵינָם מְקַצְּצִים צִיפּוֹרְנַיִם בְּקוֹצֵץ אוֹ בְּמִסְפָּרַיִם, אֲבָל מֻתָּר לְתַלְּשָׁן בְּיָד אוֹ בְּשִׁינַּיִם.

לְכַבֵּס

א. הָאָבֵל אֵינוֹ מְכַבֵּס בְּגָדִים, מַצָּעִים וּמַגָּבוֹת כָּל הַשִּׁבְעָה, וְלֹא מִשְׁתַּמֵּשׁ בְּחוֹמְרֵי נִיקּוּי.
ב. הָאָבֵל אֵינוֹ לוֹבֵשׁ בְּגָדִים מְכוּבָּסִים, אוֹ מַצִּיעַ סְדִינִים מְכוּבָּסִים (כּוֹלֵל לְבָנִים וְגַרְבַּיִם).
ג. אִם בִּגְדֵי הָאָבֵל הִתְלַכְלְכוּ בְּצוּרָה מֻגְזֶמֶת וְלֹא יָכוֹל לִלְבּוֹשׁ אוֹתָם יוֹתֵר, רַשַּׁאי לְהַחְלִיפָם בִּבְגָדִים אֲחֵרִים שֶׁאֵינָם מְכוּבָּסִים.
ד. אָבֵל עַל אָבִיו אוֹ אִמּוֹ שֶׁהֶחְלִיף בְּגָדָיו כנ"ל, יִקְרַע אֶת הַחֻלְצָה.
ה. אָבֵל יָכוֹל לִשְׁטֹף כֶּתֶם מֵהַבֶּגֶד, וְאֵין זֶה כִּבּוּס.
ו. בְּנֵי בֵּיתוֹ שֶׁל הָאָבֵל שֶׁאֵינָם אֲבֵלִים, יְכוֹלִים לְכַבֵּס בִּגְדֵיהֶם וְלִלְבּוֹשׁ בְּגָדִים מְכוּבָּסִים.

לִרְחוֹץ

א. הָאָבֵל אֵינוֹ מִתְקַלֵּחַ אֲפִילוּ בְּמַיִם קָרִים, אַךְ יָכוֹל לִשְׁטוֹף פָּנִים יָדַיִם וְרַגְלַיִם בְּמַיִם קָרִים.
ב. יָכוֹל הָאָבֵל לִשְׁטֹף וּלְנַקּוֹת לִכְלוּךְ בְּכָל מָקוֹם בַּגּוּף, בִּתְנַאי שֶׁיִּשְׁטוֹף רַק בְּאֵזוֹר הַלִּכְלוּךְ.
ג. אִישָּׁה אֲבֵלָה שֶׁזְּמַן טְבִילָתָהּ חָל בְּשִׁבְעָה, תִּדְחֶה אֶת הַטְּבִילָה לְאַחַר הַשִּׁבְעָה.
ד. מֻתָּר לְאָבֵל בְּתוֹךְ הַשִּׁבְעָה לִרְחוֹץ אֵיבָר מִסִּיבּוֹת רְפוּאִיּוֹת, וְכֵן יוֹלֶדֶת אֲבֵלָה רַשָּׁאִית לִרְחוֹץ בְּמַיִם אֶת הַמְּקוֹמוֹת הַטְּעוּנִים רְחִיצָה.

קַדִּישׁ דְּהוּא עָתִיד לְחַדְתָּא.

הָאֲבֵלִים. יִתְגַּדַּל וְיִתְקַדַּשׁ שְׁמֵהּ רַבָּא

הַקָּהָל. אָמֵן.

הָאֲבֵלִים. דְּהוּא עָתִיד לְחַדְתָּא עָלְמָא, וּלְאַחֲיָאה מֵתַיָּא, וּלְשַׁכְלְלָא הֵיכְלָא וּלְמִפְרַק חַיָּיא, וּלְמִבְנָא קַרְתָּא דִּי יְרוּשְׁלֵם, וּלְמֶעְקַר פּוּלְחָנָא דֶאֱלִילַיָּא מֵאַרְעָא, וּלְאָתָבָא פּוּלְחָנָא יַקִּירָא דִשְׁמַיָּא לְהַדְרֵיהּ וְזִיוֵיהּ וִיקָרֵיהּ.

הַקָּהָל. אָמֵן.

הָאֲבֵלִים. בְּחַיֵּיכוֹן וּבְיוֹמֵיכוֹן וּבְחַיֵּי דְכָל בֵּית יִשְׂרָאֵל, בַּעֲגָלָא וּבִזְמַן קָרִיב, וְאִמְרוּ אָמֵן.

הַקָּהָל. אָמֵן.

הָאֲבֵלִים. יְהֵא שְׁמֵהּ רַבָּא מְבָרַךְ לְעָלַם וּלְעָלְמֵי עָלְמַיָּא יִתְבָּרַךְ.

הַקָּהָל. אָמֵן.

הָאֲבֵלִים. וְיִשְׁתַּבַּח וְיִתְפָּאַר וְיִתְרוֹמַם וְיִתְנַשֵּׂא וְיִתְהַדָּר וְיִתְעַלֶּה וְיִתְהַלָּל שְׁמֵהּ דְּקֻדְשָׁא. בְּרִיךְ הוּא.

הַקָּהָל. אָמֵן.

הָאֲבֵלִים. לְעֵלָּא מִן כָּל בִּרְכָתָא שִׁירָתָא תִּשְׁבְּחָתָא וְנֶחֱמָתָא דַּאֲמִירָן בְּעָלְמָא. וְאִמְרוּ אָמֵן.

הַקָּהָל. אָמֵן.

הָאֲבֵלִים. תִּתְכְּלֵי חַרְבָּא וְכַפְנָא וּמוֹתָנָא וּמַרְעִין בִּישִׁין יַעְדֵי מִינָּנָא וּמִנְּכוֹן וּמֵעַל עַמֵּיהּ יִשְׂרָאֵל וְאִמְרוּ אָמֵן.

הַקָּהָל. אָמֵן.

הָאֲבֵלִים. יְהֵא שְׁלָמָא רַבָּה מִן שְׁמַיָּא חַיִּים וְשָׂבָע וִישׁוּעָה וְנֶחָמָה וְשֵׁיזָבָא וּרְפוּאָה וּגְאֻלָּה וּסְלִיחָה וְכַפָּרָה וְרֶוַח וְהַצָּלָה לָנוּ וְלְכָל עַמּוֹ יִשְׂרָאֵל וְאִמְרוּ אָמֵן.

הַקָּהָל. אָמֵן.

הָאֲבֵלִים. עוֹשֶׂה שָׁלוֹם בִּמְרוֹמָיו הוּא בְּרַחֲמָיו יַעֲשֶׂה שָׁלוֹם עָלֵינוּ וְעַל כָּל יִשְׂרָאֵל וְאִמְרוּ אָמֵן.

הַקָּהָל. אָמֵן.

לְאַחַר יְצִיאָה מִבֵּית הַקְּבָרוֹת נוֹטְשִׁים עֲשָׂבִים וְזוֹרְקִים לַאֲחוֹרֵיהֶם וְאוֹמְרִים.

וְיָצִיצוּ מֵעִיר כְּעֵשֶׂב הָאָרֶץ.

וְהוֹלְכִים לְבָתֵּיהֶם וְיִרְחֲצוּ יְדֵיהֶם וְאוֹמְרִים פְּסוּקִים אֵלּוּ.

יָדֵינוּ לֹא שָׁפְכוּ אֶת הַדָּם הַזֶּה וְעֵינֵינוּ לֹא רָאוּ. כַּפֵּר לְעַמְּךָ יִשְׂרָאֵל אֲשֶׁר פָּדִיתָ יְיָ וְאַל תִּתֵּן דָּם נָקִי בְּקֶרֶב עַמְּךָ יִשְׂרָאֵל וְנִכַּפֵּר לָהֶם הַדָּם.

סֵדֶר אֲבֵלִים כַּמִּנְהָג יְהוּדֵי קוֹצִ׳ין

וְאַתְּ עָלִית עַל כֻּלָּנָה. שֶׁקֶר הַחֵן וְהֶבֶל הַיֹּפִי.
אִשָּׁה יִרְאַת יְיָ הִיא תִתְהַלָּל. תְּנוּ לָהּ מִפְּרִי יָדֶיהָ.
וִיהַלְלוּהָ בַשְּׁעָרִים מַעֲשֶׂיהָ.
רַחֲמָנָא דְּרַחֲמָנוּתָא דִּי לֵיהּ הִיא וּבְמֵימְרֵיהּ אִתְבְּרִיאוּ עָלְמַיָּא עַלְמָא הָדֵין וְעַלְמָא דְּאָתֵי וּגְנַז בֵּיהּ צַדְקָנִיּוֹת וְחַסְדָנִיּוֹת דְּעַבְדָן רְעוּתֵיהּ וּבְמֵימְרֵיהּ וּבִיקָרֵיהּ וּבְתוּקְפֵיהּ יֵאמַר לְמֵיעַל קֳדָמוֹהִי דוּכְרָן נֶפֶשׁ הָאִשָּׁה הַכְּבוּדָה וְהַצְּנוּעָה וְהַנִּכְבֶּדֶת מָרַת (פְּלוֹנִית) רוּחַ יְיָ תְּנִיחֶנָּה בְּגַן עֵדֶן. דְּאִתְפְּטָרַת מִן עַלְמָא הָדֵין כִּרְעוּת אֱלָהָא מָרֵיהּ שְׁמַיָּא וְאַרְעָא. הַמֶּלֶךְ בְּרַחֲמָיו יָחוּס וְיַחְמוֹל עָלֶיהָ. וְיִלָּוֶה אֵלֶיהָ הַשָּׁלוֹם וְעַל מִשְׁכָּבָהּ יִהְיֶה שָׁלוֹם. כִּדְכְתִיב: יָבוֹא שָׁלוֹם יָנוּחוּ עַל מִשְׁכְּבוֹתָם. הֹלֵךְ נְכֹחוֹ. הִיא וְכָל בְּנוֹת יִשְׂרָאֵל הַשּׁוֹכְבוֹת עִמָּהּ בִּכְלַל הָרַחֲמִים וְהַסְּלִיחוֹת. וְכֵן יְהִי רָצוֹן וְנֹאמַר אָמֵן.

הַשְׁכָּבָה לַיֶּלֶד

רַחֲמָנָא דְּרַחֵם עַל אֲבְהָתָנָא – קַדִּישׁ אַרְעָה וְעַל צַדִּיקַיָּא וַחֲסִדַיָּא דְּעַבְדָן רְעוּתֵיהּ דְּקוּדְשָׁא בְּרִיךְ הוּא בְּרַחֲמְתֵיהּ יְרַחֵם עַל נֶפֶשׁ עוּלֵימָא הַקָּטָן (פְּלוֹנִי) רוּחַ יְיָ תְּנִיחֶנּוּ בְּגַן עֵדֶן וְיָעִיל יָתֵיהּ לְאִשְׁתַּעְשְׁעָא בַּהֲדֵי צַדִּיקַיָּא וַחֲסִידַיָּא וִיהֵא כַּפָּרָה עַל אֲבוּהִי וְעַל אִימֵיהּ. כְּקָרְבָּן דְּמִתְקַבֵּל בִּרְעֲוָה קֳדָם מָרֵי עַלְמָא, וְיַמְרִיק חוֹבֵיהוֹן וְיִתֵּן לְהוֹן בְּנִין דִּכְרִין דְּיֵחוֹן וִיהוֹן עָסְקִין בְּאוֹרַיְתָא. וְיָסִיר מֵהֶם יָגוֹן וַאֲנָחָה, וְכֵן יְהִי רָצוֹן וְנֹאמַר אָמֵן.

הַשְׁכָּבָה לַיַּלְדָּה

רַחֲמָנָא דְּרַחֵם עַל אִמְהָתָנָא – קַדִּישְׁתָּא דְּאַרְעָא וְעַל צַדְקָנִיּוֹת וְחַסְדָנִיּוֹת, דְּעַבְדָן רְעוּתֵיהּ דְּקוּדְשָׁא בְּרִיךְ הוּא, בְּרַחֲמְתֵיהּ יְרַחֵם עַל נֶפֶשׁ עוּלֶמְתָּא הַקְּטַנָּה (פְּלוֹנִית) רוּחַ יְיָ תְּנִיחֶנָּה בְּגַן עֵדֶן. וְיָעִיל יָתַהּ לְאִשְׁתַּעְשְׁעָא בַּהֲדֵי צַדְקָנִיּוֹת וְחַסְדָנִיּוֹת, וּתְהֵא כַּפָּרָה עַל אֲבוּהָא וְעַל אִמָּהָא. כְּקָרְבָּן דְּמִתְקַבֵּל בִּרְעֲוָא קֳדָם מָרֵי עַלְמָא, וְיַמְרִיק חוֹבֵיהוֹן וְיִתֵּן לְהוֹן בְּנִין דִּכְרִין דְּיֵחוֹן וִיהוֹן עַסְקִין בְּאוֹרַיְתָא. וַיָּסַר מֵהֶם יָגוֹן וַאֲנָחָה, וְכֵן יְהִי רָצוֹן וְנֹאמַר אָמֵן.

וּבִפְנֵי הָאֲבֵלִים אוֹמְרִים פְּסוּקִים אֵלוּ אַחַר הַהַשְׁכָּבָה.

בִּלַּע הַמָּוֶת לָנֶצַח, וּמָחָה יְיָ אֱלֹהִים דִּמְעָה מֵעַל כָּל פָּנִים, וְחֶרְפַּת עַמּוֹ יָסִיר מֵעַל כָּל הָאָרֶץ כִּי יְיָ דִּבֵּר: יִחְיוּ מֵתֶיךָ נְבֵלָתִי יְקוּמוּן, הָקִיצוּ וְרַנְּנוּ שֹׁכְנֵי עָפָר כִּי טַל אוֹרֹת טַלֶּךָ, וָאָרֶץ רְפָאִים תַּפִּיל. וְהוּא רַחוּם יְכַפֵּר עָוֹן וְלֹא יַשְׁחִית, וְהִרְבָּה לְהָשִׁיב אַפּוֹ, וְלֹא יָעִיר כָּל חֲמָתוֹ. כְּאִישׁ אֲשֶׁר אִמּוֹ תְּנַחֲמֶנּוּ כֵּן אָנֹכִי אֲנַחֶמְכֶם וּבִירוּשָׁלַיִם תְּנוּחָמוּ.

לְאַחַר צִדּוּק הַדִּין וְהַשְׁכָּבָה אוֹמְרִים קַדִּישׁ הַגָּדוֹל

הַשְׁכָּבוֹת

פָּשׁוּט וּמוֹעִיל לְנִשְׁמַת הַמֵּת לוֹמַר הַשְׁכָּבָה זוֹ

הַמְרַחֵם עַל כָּל בְּרִיּוֹתָיו הוּא יָחוּס וְיַחְמֹל וִירַחֵם עַל נֶפֶשׁ, רוּחַ וּנְשָׁמָה שֶׁל (פב״פ) רוּחַ יְיָ תְּנִיחֶנּוּ (לְאִשָּׁה–תְּנִיחֶנָּה בְּגַן עֵדֶן).

הַשְׁכָּבָה לְאִישׁ

לְחָכָם אוֹמְרִים קוֹדֶם הַשְׁכָּבָה פְּסוּקִים אֵלּוּ

וְהַחָכְמָה מֵאַיִן תִּמָּצֵא, וְאֵי זֶה מְקוֹם בִּינָה. אַשְׁרֵי אָדָם מָצָא חָכְמָה, וְאָדָם יָפִיק תְּבוּנָה.

לְפַרְנָס, פּוֹלִיטִיקָאִי מַתְחִילִים כָּאן

מָה רַב טוּבְךָ אֲשֶׁר צָפַנְתָּ לִּירֵאֶיךָ, פָּעַלְתָּ לַחוֹסִים בָּךְ, נֶגֶד בְּנֵי אָדָם. מַה יָּקָר חַסְדְּךָ אֱלֹהִים, וּבְנֵי אָדָם בְּצֵל כְּנָפֶיךָ יֶחֱסָיוּן. יִרְוְיֻן מִדֶּשֶׁן בֵּיתֶךָ, וְנַחַל עֲדָנֶיךָ תַשְׁקֵם.

הַשְׁכָּבָה לְאִישׁ פָּשׁוּט מַתְחִילִים כָּאן

טוֹב שֵׁם מִשֶּׁמֶן טוֹב. וְיוֹם הַמָּוֶת מִיּוֹם הִוָּלְדוֹ. סוֹף דָּבָר הַכֹּל נִשְׁמָע. אֶת הָאֱלֹהִים יְרָא וְאֶת מִצְוֹתָיו שְׁמוֹר כִּי זֶה כָּל הָאָדָם. יַעְלְזוּ חֲסִידִים בְּכָבוֹד. יְרַנְּנוּ עַל מִשְׁכְּבוֹתָם. מְנוּחָה נְכוֹנָה. בִּישִׁיבָה עֶלְיוֹנָה. בְּמַעֲלַת קְדוֹשִׁים וּטְהוֹרִים. כְּזוֹהַר הָרָקִיעַ מְאִירִים וּמַזְהִירִים. וְחִלּוּץ עֲצָמִים. וְכַפָּרַת אֲשָׁמִים. וְהַרְחָקַת פֶּשַׁע. וְהַקְרָבַת יֶשַׁע. וְחֶמְלָה וַחֲנִינָה. מִלִּפְנֵי צוּר שׁוֹכֵן מְעוֹנָה. וְחוּלְקָא טָבָא. לְחַיֵּי הָעוֹלָם הַבָּא. שָׁם תְּהֵא מְנָת וּמְחִיצַת וִישִׁיבַת נֶפֶשׁ הַשֵּׁם הַטּוֹב הַמְּרוּחָם (פְּלוֹנִי) רוּחַ יְיָ תְּנִיחֶנּוּ בְּגַן עֵדֶן. דְּאִתְפְּטַר מִן עָלְמָא הָדֵין כִּרְעוּת אֱלָהָא מָארֵיהּ שְׁמַיָּא וְאַרְעָא. מֶלֶךְ מַלְכֵי הַמְּלָכִים בְּרַחֲמָיו יְרַחֵם עָלָיו. וְיָחוּס וְיַחְמוֹל עָלָיו. מֶלֶךְ מַלְכֵי הַמְּלָכִים בְּרַחֲמָיו יַסְתִּירֵהוּ בְּצֵל כְּנָפָיו וּבְסֵתֶר אָהֳלוֹ לַחֲזוֹת בְּנוֹעַם יְיָ וּלְבַקֵּר בְּהֵיכָלוֹ. וּלְקֵץ הַיָּמִין יַעֲמִידֵהוּ. וּמִנַּחַל עֲדָנָיו יַשְׁקֵהוּ. וְיִצְרוֹר בִּצְרוֹר הַחַיִּים נִשְׁמָתוֹ. וְיָשִׂים כָּבוֹד מְנוּחָתוֹ. יְיָ הוּא נַחֲלָתוֹ. וְיִלָּוֶה אֵלָיו הַשָּׁלוֹם וְעַל מִשְׁכָּבוֹ יִהְיֶה שָׁלוֹם. כִּדְכְתִיב: יָבוֹא שָׁלוֹם יָנוּחוּ עַל מִשְׁכְּבוֹתָם. הֹלֵךְ נְכֹחוֹ. הוּא וְכָל בְּנֵי יִשְׂרָאֵל הַשּׁוֹכְבִים עִמּוֹ בִּכְלַל הָרַחֲמִים וְהַסְּלִיחוֹת. וְכֵן יְהִי רָצוֹן וְנֹאמַר אָמֵן.

הַשְׁכָּבָה לְאִשָּׁה

אֵשֶׁת חַיִל מִי יִמְצָא.
וְרָחֹק מִפְּנִינִים מִכְרָהּ.
לְאִשָּׁה לֹא נְשׂוּאָה מַתְחִילִים כָּאן
רַבּוֹת בָּנוֹת עָשׂוּ חָיִל.

צִידּוּק הַדִּין

צִידּוּק הַדִּין הִיא תְּפִלָּה שֶׁאוֹמְרִים אַחֲרֵי הַקְּבוּרָה וְיֵשׁ אוֹמְרִים אוֹתָהּ גַּם בְּמַהֲלַךְ שִׁבְעַת יְמֵי הָאֲבֵלוּת .תְּפִילָּה זוֹ מַצְדִּיקָה אֶת הַדִּין עָלֵינוּ וְאוֹמֶרֶת כִּי הַשֵּׁם שׁוֹפֵט בְּצֶדֶק.

אֲמִירַת צִידּוּק הַדִּין

א. עַל כָּל מֵת בֵּין אִישׁ וּבֵין אִשָּׁה, אוֹמְרִים צִידּוּק הַדִּין לְאַחַר הַקְּבוּרָה.

ב. בִּזְמַן צִידּוּק הַדִּין, מְכַסִּים הָאֲבֵלִים אֶת רֹאשָׁם בְּבַד לָבָן וְכֵן בְּכָל שִׁבְעַת יְמֵי הָאֵבֶל, (עִיטּוּף הָרֹאשׁ לְאָבֵל)

ג. אֵין אוֹמְרִים צִידּוּק הַדִּין בַּיָּמִים שֶׁלֹּא אוֹמְרִים בָּהֶם תַּחֲנוּן, כּוֹלֵל עֶרֶב שַׁבָּת וְעֶרֶב יוֹם טוֹב אַחַר חֲצוֹת הַיּוֹם, אֲבָל בְּעֶרֶב ר"ח וְעֶרֶב חֲנוּכָּה כֵּן אוֹמְרִים, בְּעֶרֶב תִּשְׁעָה בְּאָב אֲפִילּוּ אַחַר חֲצוֹת הַיּוֹם אוֹמְרִים אוֹתוֹ.

ד. יֵשׁ לְהַקְפִּיד שֶׁבְּבַד הַלָּבָן שֶׁבּוֹ עוֹטְפִים לַגְּבָרִים אֶת הָרֹאשׁ, תִּהְיֶה פִּינָּה אַחַת עֲגוּלָה וְלֹא מְרוּבַּעַת.

צִדּוּק הַדִּין

צַדִּיק אַתָּה יְיָ, וְיָשָׁר מִשְׁפָּטֶיךָ.
צַדִּיק יְיָ בְּכָל דְּרָכָיו, וְחָסִיד בְּכָל מַעֲשָׂיו.
צִדְקָתְךָ צֶדֶק לְעוֹלָם, וְתוֹרָתְךָ אֱמֶת.
מִשְׁפְּטֵי יְיָ אֱמֶת, צָדְקוּ יַחְדָּו.
בַּאֲשֶׁר דְּבַר מֶלֶךְ שִׁלְטוֹן, וּמִי יֹאמַר לוֹ מַה תַּעֲשֶׂה.
וְהוּא בְאֶחָד וּמִי יְשִׁיבֶנּוּ, וְנַפְשׁוֹ אִוְּתָה וַיָּעַשׂ.
קָטֹן וְגָדוֹל שָׁם הוּא, וְעֶבֶד חָפְשִׁי מֵאֲדוֹנָיו.
הֵן בַּעֲבָדָיו לֹא יַאֲמִין, וּבְמַלְאָכָיו יָשִׂים תָּהֳלָה.
אַף כִּי אֱנוֹשׁ רִמָּה, וּבֶן אָדָם תּוֹלֵעָה.
הַצּוּר תָּמִים פָּעֳלוֹ כִּי כָל דְּרָכָיו מִשְׁפָּט, אֵל אֱמוּנָה וְאֵין עָוֶל צַדִּיק וְיָשָׁר הוּא.
דַּיַּן הָאֱמֶת, שֹׁפֵט צֶדֶק וֶאֱמֶת, בָּרוּךְ דַּיַּן הָאֱמֶת, כִּי כָל מִשְׁפָּטָיו צֶדֶק וֶאֱמֶת.

סֵדֶר אֲבֵלִים כַּמִּנְהָג יְהוּדֵי קוֹצִ׳ין

מִנְהָגֵנוּ

מוֹלִיכִים אֶת הַגּוּפָה לַקֶּבֶר וּמְחַכִּים לְמִשְׁפָּחָה. לִפְנֵי שְׁמוֹרִדִים לַקֶּבֶר אוֹמְרִים

צוּר מִמְּעוֹנוֹ צַדִּיק הוּא וְצַדִּיק הוּא דִּינוֹ. אֵל אֶחָד וּמְיוּחָד אֲשֶׁר לֹא יִקַּח שׁוֹחַד צֶדֶק מְלֹאָה יְמִינוֹ. צַדִּיק הוּא וְצַדִּיק דִּינוֹ שׁוֹפֵט צֶדֶק דַּלִּים וְנִחֵם אֲבֵלִים וְהֵמָּה יִזְכּוּ בְּדִינוֹ צַדִּיק הוּא וְצַדִּיק דִּינוֹ דַּיַּן אוֹמֵר וְעוֹשֶׂה מִי יֹאמַר לוֹ מַה תַּעֲשֶׂה. הֵן כָּל רָאֲתָה עֵינוֹ צַדִּיק הוּא וְצַדִּיק דִּינוֹ. הִנֵּה מָקוֹם הִנֵּה מָלוֹן הִנֵּה מְנוּחָה הִנֵּה נַחֲלָה אַשְׁרֵי מִי שֶׁיֹּאמְרוּ לוֹ בָּא צִדְקָתוֹ שָׁלוֹם בּוֹאֶךָ. מַלְאֲכֵי חֶסֶד הָמְמוּנִּים עַל שַׁעֲרֵי הַחֶסֶד הֵם יֵצְאוּ לִקְרָאתוֹ וְיֹאמְרוּ לוֹ בָּא צִדְקָתוֹ שָׁלוֹם בּוֹאֶךָ. מַלְאֲכֵי רַחֲמִים הָמְמוּנִּים עַל שַׁעֲרֵי רַחֲמִים הֵם יֵצְאוּ לִקְרָאתוֹ וְיֹאמְרוּ לוֹ בָּא צִדְקָתוֹ שָׁלוֹם בּוֹאֶךָ. מַלְאֲכֵי הַחֵן הָמְמוּנִּים עַל שַׁעֲרֵי הַחֵן הֵם יֵצְאוּ לִקְרָאתוֹ וְיֹאמְרוּ לוֹ בָּא צִדְקָתוֹ שָׁלוֹם בּוֹאֶךָ. וְיָשׁוּב הֶעָפָר עַל הָאָרֶץ כְּשֶׁהָיָה וְהָרוּחַ תָּשׁוּב אֶל הָאֱלֹהִים אֲשֶׁר נְתָנָהּ. בְּזֵעַת אַפֶּךָ תֹּאכַל לֶחֶם עַד שׁוּבְךָ אֶל הָאֲדָמָה כִּי מִמֶּנָּה לֻקָּחְתָּ כִּי עָפָר אַתָּה וְאֶל עָפָר תָּשׁוּב.

הַקְּבוּרָה

תְּחִלָּה זוֹרֵק הַבֵּן הַגָּדוֹל ג׳ פְּעָמִים עָפָר בִּשְׁתֵּי יָדָיו עַל פְּנֵי הַמֵּת, ואח״כ שְׁאָר הַבָּנִים וּשְׁאָר הָאֲבֵלִים זוֹרְקִים עָפָר בְּתוֹךְ הַקֶּבֶר 13 פְּעָמִים כְּמִסְפַּר הַמִּלִּים בְּפָסוּק תּוֹךְ כְּדֵי אֲמִירַת הַפָּסוּק:

וְהוּא רַחוּם יְכַפֵּר עָוֹן וְלֹא יַשְׁחִית. וְהִרְבָּה לְהָשִׁיב אַפּוֹ. וְלֹא יָעִיר כָּל חֲמָתוֹ. אוֹמְרִים שָׁלֹשׁ פְּעָמִים

לָאִישׁ אוֹמְרִים. **וְסַר עֲוֹנֶךָ וְחַטָּאתְךָ תְּכוּפָּר.**

לָאִישָּׁה אוֹמְרִים. **וְסַר עֲוֹנָיִךְ וְחַטֹּאתַיִךְ תְּכוּפָּר.**

שְׁאָר הַמְלַוִּים יִשְׁתַּמְּשׁוּ בַּכֵּלִים וִימַלְאוּ אֶת הַקֶּבֶר בְּחוֹל.

קְבוּרָה

בַּיַּהֲדוּת, קְבוּרַת הַמֵּת הִיא מִצְוָה שֶׁעַל פִּיהָ חוֹבָה לִקְבּוֹר מֵתִים בְּקַרְקַע. הַהֲלָכָה רוֹאָה בַּמִּצְוָה זוֹ חֲשִׁיבוּת רַבָּה, וְקוֹבַעַת כִּי כְּלַפֵּי מִצְוָה זוֹ יֵשׁ צִוּוּי מִקְרָאִי כָּפוּל: מִצְוַת עֲשֵׂה וּמִצְוַת לֹא תַעֲשֶׂה. הַהֲלָכָה מִתְיַחֶסֶת אֶל הַמֵּת כְּאֶל אוֹבְּיֶיקְט שֶׁיֵּשׁ לְכַבֵּד – כָּךְ מְקוּבָּל הַמּוּנָּח "כְּבוֹד הַמֵּת" – וְעִקָּרוֹן זֶה מְשַׁמֵּשׁ אוֹתָהּ בִּקְבִיעַת פְּרָטֵי הַדִּינִים שֶׁל הַקְּבוּרָה.

בַּהִסְטוֹרְיָה הַיְּהוּדִית, בְּכָל הַדּוֹרוֹת דָּאֲגוּ הַיְּהוּדִים לְהָבִיא אֶת מֵתֵיהֶם לִקְבוּרָה בְּ"קֶבֶר יִשְׂרָאֵל" – בֵּית קְבָרוֹת שֶׁל יְהוּדִים בִּלְבַד, וּפְעָמִים שֶׁנַּעֲשׂוּ מַאֲמַצִּים גְּדוֹלִים כְּדֵי לִפְדּוֹת גּוּפוֹת יְהוּדִים שֶׁנֶּהֶרְגוּ כְּדֵי לַהֲבִיאָם לִקְבוּרָה יְהוּדִית. כָּךְ גַּם הוּקַם בְּכָל קְהִילָּה יְהוּדִית אִרְגּוּן שֶׁתַּפְקִידוֹ הוּא הַדְּאָגָה לְטִיפּוּל בַּמֵּת עַל פִּי הַהֲלָכָה וּשְׁמִירָה עַל כְּבוֹדוֹ – "חֶבְרַת קַדִּישָׁא".

הַשְׁפָּעָתָהּ שֶׁל תְּפִיסָה יְהוּדִית זוֹ מַגִּיעוֹת עַד לַמִּשְׁפָּט בִּמְדִינַת יִשְׂרָאֵל דְּיָמֵינוּ, וְכָךְ קוֹבֵעַ בֵּית הַמִּשְׁפָּט הָעֶלְיוֹן:

זְכוּתוֹ שֶׁל כָּל אָדָם לִקְבוּרָה מְהִירָה, מְכֻבֶּדֶת וְנָאוֹתָה הִנָּהּ חֵלֶק בִּלְתִּי נִפְרָד מִזְּכוּתוֹ לְכָבוֹד, שֶׁכֵּן כְּבוֹד הָאָדָם אֵינוֹ רַק כְּבוֹדוֹ שֶׁל אָדָם בְּחַיָּיו, אֶלָּא גַּם כְּבוֹדוֹ שֶׁל אָדָם לְאַחַר מוֹתוֹ. זְכוּת הָאָדָם הַמֵּת לְכָבוֹד הוּכְּרָה בַּפְּסִיקָה כְּחֵלֶק מִזְּכוּת הָאָדָם הַחוּקָתִית לִכְבוֹד הַמְּעוּגֶּנֶת בְּחֹק יְסוֹד: כְּבוֹד הָאָדָם וְחֵירוּתוֹ.

מְקוֹר הַדִּין

הַצִּוּוּי הַהִלְכָתִי לִקְבוּרַת נִפְטָר נִלְמַד מֵהַפָּסוּק "לֹא-תָלִין נִבְלָתוֹ עַל-הָעֵץ, כִּי-קָבוֹר תִּקְבְּרֶנּוּ בַּיּוֹם הַהוּא" (סֵפֶר דְּבָרִים, פֶּרֶק כ"א, כ"ג)– פָּסוּק הַמֵּכִיל מִצְוַת לֹא תַעֲשֶׂה וּמִצְוַת עֲשֵׂה כְּאֶחָד. אַךְ עִקָּרוֹן קְבוּרַת הַנִּפְטָר מְבֻסָּס גַּם עַל מִסְפַּר מְקוֹרוֹת נוֹסָפִים בַּמִּקְרָא. הַהִתְיַחֲסוּת הִיא לֹא רַק לְנִפְטָרִים יְהוּדִים אֶלָּא אַף לְאֵלּוּ שֶׁאֵינָם יְהוּדִים וְכָךְ מְסֻפָּר כִּי יְהוֹשֻׁעַ תָּלָה אֶת מֶלֶךְ הָעַי, וּלְעֵת עֶרֶב קָבַר אוֹתוֹ תַּחַת גַּל אֲבָנִים.

הַתְּפִיסָה כִּי בֶּן אֱנוֹשׁ בְּמוֹתוֹ "שָׁב אֶל הָאֲדָמָה" מֻזְכֶּרֶת לָרִאשׁוֹנָה לְאַחַר שֶׁחָטָא אָדָם הָרִאשׁוֹן וְאָכַל מֵעֵץ הַדַּעַת אָמַר לוֹ הַקָּדוֹשׁ בָּרוּךְ הוּא: "בְּזֵעַת אַפֶּיךָ, תֹּאכַל לֶחֶם, עַד שׁוּבְךָ אֶל-הָאֲדָמָה, כִּי מִמֶּנָּה לֻקָּחְתָּ: כִּי-עָפָר אַתָּה, וְאֶל-עָפָר תָּשׁוּב" (סֵפֶר בְּרֵאשִׁית, פֶּרֶק ג, 19). בְּפִרְקֵי דְּרַבִּי אֱלִיעֶזֶר מְסֻפָּר שֶׁאָדָם הָרִאשׁוֹן לָמַד מִן הָעוֹרֵב לִקְבּוֹר אֶת הַמֵּת כְּשֶׁהָרַג קַיִן אֶת הֶבֶל: "הָיוּ אָדָם וְחַוָּה יוֹשְׁבִים וּבוֹכִים וּמִתְאַבְּלִים עָלָיו, וְלֹא הָיוּ יוֹדְעִים מָה לַעֲשׂוֹת לְהֶבֶל, שֶׁלֹּא הָיוּ נְהוּגִים בִּקְבוּרָה. בָּא עוֹרֵב אֶחָד שֶׁמֵּת לוֹ חֲבֵרוֹ, לָקַח אוֹתוֹ, חָפַר בָּאָרֶץ וְטָמְנוֹ לְעֵינֵיהֶם. אָמַר אָדָם ' כָּעוֹרֵב אֲנִי עוֹשֶׂה וְקָבַר אֶת הֶבֶל." (פִּרְקֵי דְּרַבִּי אֱלִיעֶזֶר, פֶּרֶק כא). כָּךְ גַּם מְסֻפָּר בַּמִּקְרָא עַל אַבְרָהָם אָבִינוּ שֶׁקָּנָה "אֲחֻזַּת קֶבֶר" לְשָׂרָה בִּמְעָרַת הַמַּכְפֵּלָה וְקָבַר אוֹתָהּ שָׁם. וְעַל מֹשֶׁה נֶאֱמַר "וְלֹא יָדַע אִישׁ אֶת קְבֻרָתוֹ, עַד הַיּוֹם הַזֶּה" (סֵפֶר דְּבָרִים, פֶּרֶק לד, ו).

פְּרָטֵי הַמִּצְוָה

הֶיבֵּט רִאשׁוֹן בּוֹ בָּא לִידֵי בִּיטּוּי הָעִקָּרוֹן שֶׁל כְּבוֹד הַמֵּת הוּא בְּאִסּוּר הֲלָנַת הַמֵּת; כְּלוֹמַר, שֶׁאֵין לְהִשְׁתַּהוֹת שֶׁלֹּא לְצֹרֶךְ בִּקְבוּרַת הַנִּפְטָר. הַקְּבוּרָה מְהַוָּה יִשּׂוּם שֶׁל הַתְּפִיסָה הַהִלְכָתִית שֶׁל "כְּבוֹד הַמֵּת", וְכָל זְמַן שֶׁלֹּא נִקְבַּר הֲרֵי הוּא שָׁרוּי בְּבִזָּיוֹן, וְלָכֵן בַּיּוֹם שֶׁנִּיתְּנָה רְשׁוּת לִקְבּוֹר אֶת הֲרוּגֵי בֵּיתָר לְאַחַר מֶרֶד בַּר כּוֹכְבָא, תִּיקְּנוּ חֲכָמִים בְּיַבְנֶה אֶת בִּרְכַּת "הַטּוֹב וְהַמֵּטִיב" בְּבִרְכַּת הַמָּזוֹן, כְּהוֹדָאָה עַל הַשָּׁבַת כְּבוֹדָן הָאָבוּד שֶׁל הַגּוּפוֹת.

אוֹפֶן הַקְּבוּרָה

מַהוּת הַקְּבוּרָה הִיא הַטְמָנַת הַמֵּת בַּקַּרְקַע עָטוּף בְּתַכְרִיכִים, אֲבָל "הַנּוֹתֵן מֵתוֹ בַּאֲרוֹן וְלֹא קְבָרוֹ בַּקַּרְקַע עוֹבֵר מִשּׁוּם מַלִּין אֶת הַמֵּת". לְפִי הַהֲלָכָה, הַדֶּרֶךְ הָרְאוּיָה הִיא לִקְבּוֹר אֶת הַמֵּת בְּקַרְקַע עַצְמָהּ בְּלִי לְהַנִּיחוֹ בַּאֲרוֹן, אַךְ גַּם כַּאֲשֶׁר מַנִּיחִים אֶת הַמֵּת בַּאֲרוֹן הַטָּמוּן בְּקַרְקַע – מְקַיְּמִים אֶת מִצְוַת הַקְּבוּרָה. יֵשׁ לְהַנִּיחַ אֶת הַמֵּת כְּשֶׁהוּא שׁוֹכֵב עַל גַּבּוֹ וּפָנָיו כְּלַפֵּי מַעְלָה.

אִי קְבוּרָה כָּעֹנֶשׁ

אחד הָעֳנָשִׁים הַקָּשִׁים לְאָדָם הוּא, שֶׁהוּא לֹא יִקָּבֵר כָּרָאוּי וְנִבְלָתוֹ תִּהְיֶה מֻשְׁלֶכֶת עַל הָאָרֶץ לְמַאֲכָל לַחַיּוֹת וְלָעוֹפוֹת, וְאַחַת הַקְּלָלוֹת מ "פָּרָשַׁת הַתּוֹכֵחָה" בַּמִּקְרָא הִיא: "וְהָיְתָה נִבְלָתְךָ לְמַאֲכָל, לְכָל-עוֹף הַשָּׁמַיִם וּלְבֶהֱמַת הָאָרֶץ; וְאֵין, מַחֲרִיד" (סֵפֶר דְּבָרִים, פֶּרֶק כ"ח, כ"ו). הַתַּלְמוּד רוֹאֶה בְּחִיטּוּט בִּקְבָרִים עֹנֶשׁ קָשֶׁה: ' וְהָיְתָה יַד הַשֵּׁם בָּכֶם וּבַאֲבוֹתֵיכֶם ' – אָמַר רַבָּה בַּר שְׁמוּאֵל: זוֹ חִיטּוּטֵי שִׁכְבֵי (חִיטּוּט בַּשּׁוֹכְבִים – הַמֵּתִים), דְּאָמַר מַר: בַּעֲוֹן חַיִּים מֵתִים מִתְחַטְּטִין".

סֵדֶר אֲבֵלִים כְּמִנְהַג יְהוּדֵי קוֹצִ׳ין

וִיהִי נֹעַם יְיָ אֱלֹהֵינוּ עָלֵינוּ, וּמַעֲשֵׂה יָדֵינוּ כּוֹנְנָה עָלֵינוּ, וּמַעֲשֵׂה יָדֵינוּ כּוֹנְנֵהוּ.
יֹשֵׁב בְּסֵתֶר עֶלְיוֹן בְּצֵל שַׁדַּי יִתְלוֹנָן.
אֹמַר לַייָ מַחְסִי וּמְצוּדָתִי אֱלֹהַי אֶבְטַח בּוֹ.
כִּי הוּא יַצִּילְךָ מִפַּח יָקוּשׁ מִדֶּבֶר הַוּוֹת.
בְּאֶבְרָתוֹ יָסֶךְ לָךְ וְתַחַת כְּנָפָיו תֶּחְסֶה. צִנָּה וְסֹחֵרָה אֲמִתּוֹ.
לֹא תִירָא מִפַּחַד לָיְלָה. מֵחֵץ יָעוּף יוֹמָם.
מִדֶּבֶר בָּאֹפֶל יַהֲלֹךְ. מִקֶּטֶב יָשׁוּד צָהֳרָיִם.
יִפֹּל מִצִּדְּךָ אֶלֶף וּרְבָבָה מִימִינֶךָ. אֵלֶיךָ לֹא יִגָּשׁ.
רַק בְּעֵינֶיךָ תַבִּיט. וְשִׁלֻּמַת רְשָׁעִים תִּרְאֶה.
כִּי אַתָּה יְיָ מַחְסִי. עֶלְיוֹן שַׂמְתָּ מְעוֹנֶךָ.
לֹא תְאֻנֶּה אֵלֶיךָ רָעָה. וְנֶגַע לֹא יִקְרַב בְּאָהֳלֶךָ.
כִּי מַלְאָכָיו יְצַוֶּה לָּךְ לִשְׁמָרְךָ בְּכָל דְּרָכֶיךָ.

קֶטַע זֶה אוֹמְרִים בִּשְׁעַת לִוּוּי הַנִּפְטָר / הַנִּפְטֶרֶת לִקְבוּרָה

עַל כַּפַּיִם יִשָּׂאוּנְךָ. פֶּן תִּגֹּף בָּאֶבֶן רַגְלֶךָ.
עַל שַׁחַל וָפֶתֶן תִּדְרֹךְ. תִּרְמֹס כְּפִיר וְתַנִּין.
כִּי בִי חָשַׁק וַאֲפַלְּטֵהוּ. אֲשַׂגְּבֵהוּ כִּי יָדַע שְׁמִי.
יִקְרָאֵנִי וְאֶעֱנֵהוּ עִמּוֹ אָנֹכִי בְצָרָה אֲחַלְּצֵהוּ וַאֲכַבְּדֵהוּ.
אֹרֶךְ יָמִים אַשְׂבִּיעֵהוּ. וְאַרְאֵהוּ בִּישׁוּעָתִי.

סֵדֶר אֲבֵלִים כְּמִנְהַג יְהוּדֵי קוֹצִ'ין

הַקָּפָה שִׁשִּׁית

שַׁעֲרֵי הַמִּקְדָּשׁ יִפְתַּח מִיכָאֵל.
וְיַקְרִיב נִשְׁמָתְךָ כְּקָרְבָּן לִפְנֵי אֵל.
וְיִתְחַבֵּר עִמְּךָ הַמַּלְאָךְ הַגּוֹאֵל.
עַד שַׁעֲרֵי עֲרָבוֹת אֲשֶׁר שָׁם יִשְׂרָאֵל.
בִּנְוֹעַם מָקוֹם זֶה תְּהִי זוֹכֶה לַעֲמֹד.
וְאַתָּה לֵךְ לַקֵּץ וְתָנוּחַ וְתַעֲמֹד.
וְתָמִיד יִתְהַלֵּךְ בְּאַרְצוֹת הַחַיִּים.
וְתָנוּחַ נַפְשׁוֹ בִּצְרוֹר הַחַיִּים.

וִיהִי נֹעַם יְיָ אֱלֹהֵינוּ עָלֵינוּ, וּמַעֲשֵׂי יָדֵינוּ כּוֹנְנָה עָלֵינוּ, וּמַעֲשֵׂי יָדֵינוּ כּוֹנְנֵהוּ.
יֹשֵׁב בְּסֵתֶר עֶלְיוֹן בְּצֵל שַׁדַּי יִתְלוֹנָן.
אוֹמַר לַיְיָ מַחְסִי וּמְצוּדָתִי אֱלֹהַי אֶבְטַח בּוֹ.
כִּי הוּא יַצִּילְךָ מִפַּח יָקוּשׁ מִדֶּבֶר הַוּוֹת.
בְּאֶבְרָתוֹ יָסֶךְ לָךְ וְתַחַת כְּנָפָיו תֶּחְסֶה. צִנָּה וְסֹחֵרָה אֲמִתּוֹ.
לֹא תִירָא מִפַּחַד לָיְלָה. מֵחֵץ יָעוּף יוֹמָם.
מִדֶּבֶר בָּאֹפֶל יַהֲלֹךְ. מִקֶּטֶב יָשׁוּד צָהֳרָיִם.
יִפֹּל מִצִּדְּךָ אֶלֶף וּרְבָבָה מִימִינֶךָ. אֵלֶיךָ לֹא יִגָּשׁ.
רַק בְּעֵינֶיךָ תַבִּיט. וְשִׁלֻּמַת רְשָׁעִים תִּרְאֶה.
כִּי אַתָּה יְיָ מַחְסִי. עֶלְיוֹן שַׂמְתָּ מְעוֹנֶךָ.
לֹא תְאֻנֶּה אֵלֶיךָ רָעָה. וְנֶגַע לֹא יִקְרַב בְּאָהֳלֶךָ.
כִּי מַלְאָכָיו יְצַוֶּה לָּךְ לִשְׁמָרְךָ בְּכָל.

הַקָּפָה שְׁבִיעִית

תְּהִי נַפְשְׁךָ צְרוּרָה בִּצְרוֹר הַחַיִּים.
עִם רָאשֵׁי יְשִׁיבוֹת וְרָאשֵׁי גָּלֻיּוֹת.
עִם יִשְׂרְאֵלִים וְכֹהֲנִים וּלְוִיִּים.
וְעִם שֶׁבַע כִּתּוֹת שֶׁל צַדִּיקִים וַחֲסִידִים.
וּבְגַן עֵדֶן תָּנוּחַ וְתַעֲמֹד.
וְאַתָּה לֵךְ לַקֵּץ וְתָנוּחַ וְתַעֲמֹד.
וְתָמִיד יִתְהַלֵּךְ בְּאַרְצוֹת הַחַיִּים.
וְתָנוּחַ נַפְשׁוֹ בִּצְרוֹר הַחַיִּים.

סֵדֶר אֲבֵלִים כְּמִנְהַג יְהוּדֵי קוֹצִ׳ין

וִיהִי נֹעַם יְיָ אֱלֹהֵינוּ עָלֵינוּ, וּמַעֲשֵׂי יָדֵינוּ כּוֹנְנָה עָלֵינוּ, וּמַעֲשֵׂי יָדֵינוּ כּוֹנְנֵהוּ.
יֹשֵׁב בְּסֵתֶר עֶלְיוֹן בְּצֵל שַׁדַּי יִתְלוֹנָן.
אוֹמַר לַייָ מַחְסִי וּמְצוּדָתִי אֱלֹהַי אֶבְטַח בּוֹ.
כִּי הוּא יַצִּילְךָ מִפַּח יָקוּשׁ מִדֶּבֶר הַוּוֹת.
בְּאֶבְרָתוֹ יָסֶךְ לָךְ וְתַחַת כְּנָפָיו תֶּחְסֶה. צִנָּה וְסֹחֵרָה אֲמִתּוֹ.
לֹא תִירָא מִפַּחַד לָיְלָה. מֵחֵץ יָעוּף יוֹמָם.
מִדֶּבֶר בָּאֹפֶל יַהֲלֹךְ. מִקֶּטֶב יָשׁוּד צָהֳרָיִם.
יִפֹּל מִצִּדְּךָ אֶלֶף וּרְבָבָה מִימִינֶךָ. אֵלֶיךָ לֹא יִגָּשׁ.
רַק בְּעֵינֶיךָ תַבִּיט. וְשִׁלֻּמַת רְשָׁעִים תִּרְאֶה.
כִּי אַתָּה יְיָ מַחְסִי. עֶלְיוֹן שַׂמְתָּ מְעוֹנֶךָ.
לֹא תְאֻנֶּה אֵלֶיךָ רָעָה. וְנֶגַע לֹא יִקְרַב בְּאָהֳלֶךָ.
כִּי מַלְאָכָיו יְצַוֶּה לָּךְ.

הַקָּפָה חֲמִישִׁית

נִשְׁמָתְךָ תֵּלֵךְ לִמְעָרַת הַמַּכְפֵּלָה.
וּמִשָּׁם לַכְּרוּבִים שָׁם אֵל יִרְעֶה לָהּ.
וְשָׁם פִּנְקָס תְּקַבֵּל לְגַן עֵדֶן שְׁבִילָהּ.
וְשָׁם תֶּחֱזֶה עַמּוּד מָשׁוּךְ מִלְמַעְלָה.
וְשָׁם תַּעֲלֶה לַמָּרוֹם וְלֹא בַּחוּץ תַּעֲמוֹד.
וְאַתָּה לֵךְ לַקֵּץ וְתָנוּחַ וְתַעֲמֹד.
וְתָמִיד יִתְהַלֵּךְ בְּאַרְצוֹת הַחַיִּים.
וְתָנוּחַ נַפְשׁוֹ בִּצְרוֹר הַחַיִּים.

וִיהִי נֹעַם יְיָ אֱלֹהֵינוּ עָלֵינוּ, וּמַעֲשֵׂי יָדֵינוּ כּוֹנְנָה עָלֵינוּ, וּמַעֲשֵׂי יָדֵינוּ כּוֹנְנֵהוּ.
יֹשֵׁב בְּסֵתֶר עֶלְיוֹן בְּצֵל שַׁדַּי יִתְלוֹנָן.
אוֹמַר לַייָ מַחְסִי וּמְצוּדָתִי אֱלֹהַי אֶבְטַח בּוֹ.
כִּי הוּא יַצִּילְךָ מִפַּח יָקוּשׁ מִדֶּבֶר הַוּוֹת.
בְּאֶבְרָתוֹ יָסֶךְ לָךְ וְתַחַת כְּנָפָיו תֶּחְסֶה. צִנָּה וְסֹחֵרָה אֲמִתּוֹ.
לֹא תִירָא מִפַּחַד לָיְלָה. מֵחֵץ יָעוּף יוֹמָם.
מִדֶּבֶר בָּאֹפֶל יַהֲלֹךְ. מִקֶּטֶב יָשׁוּד צָהֳרָיִם.
יִפֹּל מִצִּדְּךָ אֶלֶף וּרְבָבָה מִימִינֶךָ. אֵלֶיךָ לֹא יִגָּשׁ.
רַק בְּעֵינֶיךָ תַבִּיט. וְשִׁלֻּמַת רְשָׁעִים תִּרְאֶה.
כִּי אַתָּה יְיָ מַחְסִי. עֶלְיוֹן שַׂמְתָּ מְעוֹנֶךָ.
לֹא תְאֻנֶּה אֵלֶיךָ רָעָה. וְנֶגַע לֹא יִקְרַב בְּאָהֳלֶךָ.
כִּי מַלְאָכָיו יְצַוֶּה לָּךְ לִשְׁמָרְךָ.

סֵדֶר אֲבֵלִים כְּמִנְהַג יְהוּדֵי קוֹצִ׳ין

רַק בְּעֵינֶיךָ תַבִּיט. וְשִׁלֻּמַת רְשָׁעִים תִּרְאֶה.
כִּי אַתָּה יְיָ מַחְסִי. עֶלְיוֹן שַׂמְתָּ מְעוֹנֶךָ.
לֹא תְאֻנֶּה אֵלֶיךָ רָעָה. וְנֶגַע לֹא יִקְרַב בְּאָהֳלֶךָ.
כִּי מַלְאָכָיו.

הַקָּפָה שְׁלִישִׁית

זִכְרוֹן טוֹב יִהְיֶה לוֹ לִפְנֵי צוּרוֹ.
לְהַנְחִיל חֵיל יוֹצְרוֹ.
לְהַגִּיהַּ אוֹרוֹ לְקַיֵּם חֶזְיוֹנוֹ וְחֶזְיוֹן מַאֲמָרוֹ.
כִּי בְּרִית הָיְתָה אִתּוֹ הַחַיִּים וְהַשָּׁלוֹם.
וְתָמִיד יִתְהַלֵּךְ בְּאַרְצוֹת הַחַיִּים.
וְתָנוּחַ נַפְשׁוֹ בִּצְרוֹר הַחַיִּים.

וִיהִי נֹעַם יְיָ אֱלֹהֵינוּ עָלֵינוּ, וּמַעֲשֵׂה יָדֵינוּ כּוֹנְנָה עָלֵינוּ, וּמַעֲשֵׂה יָדֵינוּ כּוֹנְנֵהוּ.
יֹשֵׁב בְּסֵתֶר עֶלְיוֹן בְּצֵל שַׁדַּי יִתְלוֹנָן.
אֹמַר לַייָ מַחְסִי וּמְצוּדָתִי אֱלֹהַי אֶבְטַח בּוֹ.
כִּי הוּא יַצִּילְךָ מִפַּח יָקוּשׁ מִדֶּבֶר הַוּוֹת.
בְּאֶבְרָתוֹ יָסֶךְ לָךְ וְתַחַת כְּנָפָיו תֶּחְסֶה. צִנָּה וְסֹחֵרָה אֲמִתּוֹ.
לֹא תִירָא מִפַּחַד לָיְלָה. מֵחֵץ יָעוּף יוֹמָם.
מִדֶּבֶר בָּאֹפֶל יַהֲלֹךְ. מִקֶּטֶב יָשׁוּד צָהֳרָיִם.
יִפֹּל מִצִּדְּךָ אֶלֶף וּרְבָבָה מִימִינֶךָ. אֵלֶיךָ לֹא יִגָּשׁ.
רַק בְּעֵינֶיךָ תַבִּיט. וְשִׁלֻּמַת רְשָׁעִים תִּרְאֶה.
כִּי אַתָּה יְיָ מַחְסִי. עֶלְיוֹן שַׂמְתָּ מְעוֹנֶךָ.
לֹא תְאֻנֶּה אֵלֶיךָ רָעָה. וְנֶגַע לֹא יִקְרַב בְּאָהֳלֶךָ.
כִּי מַלְאָכָיו יְצַוֶּה.

הַקָּפָה רְבִיעִית

שַׁעֲרֵי שָׁמַיִם תִּמְצָא נִפְתָּחִים.
וְעִיר שָׁלוֹם תֶּחֱזֶה.
וּמִשְׁכְּנוֹת מִבְטָחִים.
וּמַלְאֲכֵי הַשָּׁלוֹם לִקְרָאתְךָ שְׂמֵחִים.
וְכֹהֵן הַגָּדוֹל לְקַבֶּלְךָ יַעֲמֹד.
וְאַתָּה לֵךְ לַקֵּץ וְתָנוּחַ וְתַעֲמֹד.
וְתָמִיד יִתְהַלֵּךְ בְּאַרְצוֹת הַחַיִּים.
וְתָנוּחַ נַפְשׁוֹ בִּצְרוֹר הַחַיִּים.

סֵדֶר אֲבֵלִים כְּמִנְהַג יְהוּדֵי קוֹצִ'ין

הַקָּפָה רִאשׁוֹנָה

רַחֵם נָא עָלָיו אֵל אֱלֹהִים חַיִּים,
וָמֶלֶךְ עוֹלָם כִּי עִמְּךָ מְקוֹר חַיִּים,
וְתָמִיד יִתְהַלֵּךְ בְּאַרְצוֹת הַחַיִּים,
וְתָנוּחַ נַפְשׁוֹ בִּצְרוֹר הַחַיִּים.

וִיהִי נֹעַם יְיָ אֱלֹהֵינוּ עָלֵינוּ, וּמַעֲשֵׂי יָדֵינוּ כּוֹנְנָה עָלֵינוּ, וּמַעֲשֵׂי יָדֵינוּ כּוֹנְנֵהוּ.
יֹשֵׁב בְּסֵתֶר עֶלְיוֹן בְּצֵל שַׁדַּי יִתְלוֹנָן.
אוֹמַר לַייָ מַחְסִי וּמְצוּדָתִי אֱלֹהַי אֶבְטַח בּוֹ.
כִּי הוּא יַצִּילְךָ מִפַּח יָקוּשׁ מִדֶּבֶר הַוּוֹת.
בְּאֶבְרָתוֹ יָסֶךְ לָךְ וְתַחַת כְּנָפָיו תֶּחְסֶה. צִנָּה וְסֹחֵרָה אֲמִתּוֹ.
לֹא תִירָא מִפַּחַד לָיְלָה. מֵחֵץ יָעוּף יוֹמָם.
מִדֶּבֶר בָּאֹפֶל יַהֲלֹךְ. מִקֶּטֶב יָשׁוּד צָהֳרָיִם.
יִפֹּל מִצִּדְּךָ אֶלֶף וּרְבָבָה מִימִינֶךָ. אֵלֶיךָ לֹא יִגָּשׁ.
רַק בְּעֵינֶיךָ תַבִּיט. וְשִׁלֻּמַת רְשָׁעִים תִּרְאֶה.
כִּי אַתָּה יְיָ מַחְסִי. עֶלְיוֹן שַׂמְתָּ מְעוֹנֶךָ.
לֹא תְאֻנֶּה אֵלֶיךָ רָעָה. וְנֶגַע לֹא יִקְרַב בְּאָהֳלֶךָ.
כִּי.

הַקָּפָה שְׁנִיָּה

חַנּוּן בְּרוֹב רַחֲמָיו יְכַפֵּר אֶת עֲוֹנָיו.
וּמַעֲשָׂיו הַטּוֹבִים יִהְיוּ לְנֶגֶד עֵינָיו.
וְיִהְיֶה לְעוּמָתוֹ עִם כָּל נֶאֱמָנָיו.
וַיִּתְהַלֵּךְ לְפָנָיו בְּאַרְצוֹת הַחַיִּים.
וְתָמִיד יִתְהַלֵּךְ בְּאַרְצוֹת הַחַיִּים.
וְתָנוּחַ נַפְשׁוֹ בִּצְרוֹר הַחַיִּים.

וִיהִי נֹעַם יְיָ אֱלֹהֵינוּ עָלֵינוּ, וּמַעֲשֵׂי יָדֵינוּ כּוֹנְנָה עָלֵינוּ, וּמַעֲשֵׂי יָדֵינוּ כּוֹנְנֵהוּ.
יֹשֵׁב בְּסֵתֶר עֶלְיוֹן בְּצֵל שַׁדַּי יִתְלוֹנָן.
אוֹמַר לַייָ מַחְסִי וּמְצוּדָתִי אֱלֹהַי אֶבְטַח בּוֹ.
כִּי הוּא יַצִּילְךָ מִפַּח יָקוּשׁ מִדֶּבֶר הַוּוֹת.
בְּאֶבְרָתוֹ יָסֶךְ לָךְ וְתַחַת כְּנָפָיו תֶּחְסֶה. צִנָּה וְסֹחֵרָה אֲמִתּוֹ.
לֹא תִירָא מִפַּחַד לָיְלָה. מֵחֵץ יָעוּף יוֹמָם.
מִדֶּבֶר בָּאֹפֶל יַהֲלֹךְ. מִקֶּטֶב יָשׁוּד צָהֳרָיִם.
יִפֹּל מִצִּדְּךָ אֶלֶף וּרְבָבָה מִימִינֶךָ. אֵלֶיךָ לֹא יִגָּשׁ.

הַקָּפוֹת לַנִּפְטָר

הַמָּקוֹר הַהִלְכָתִי שֶׁל כָּל מִנְהָג זֶה הוּא מֵהָעוֹלָם הַנִּסְתָּר שֶׁל הַקַּבָּלָה. בִּשְׁעַת הַהַלְוָיָה עוֹבֵר אָדָם מֵהָעוֹלָם הַזֶּה לְעוֹלָם שֶׁאֵינֶנּוּ מַכִּירִים. הַהַלְוָיָה הִיא שְׁעַת מַעֲבָר וְלָכֵן לֹא הַכֹּל מוּבָן לָנוּ, הַחַיִּים בָּעוֹלָם הַזֶּה. בְּעִקָּרוֹן צָרִיךְ לָדַעַת כִּי כְּשֶׁאָדָם מֵת לְמַעֲשֶׂה מַתְחִיל תַּהֲלִיךְ שֶׁל פֵּרוּד בְּכַמָּה מִישׁוֹרִים. הַגּוּף נִפְרָד מֵהַנֶּפֶשׁ. הַנִּפְטָר נִפְרָד מֵאִתָּנוּ, הַגּוּף עַצְמוֹ מַתְחִיל לְהִתְפָּרֵק לְגוֹרְמִים שׁוֹנִים וְנִסְפָּגִים לָאֲדָמָה. בְּתַהֲלִיךְ הַפֵּרוּק הַנְּשָׁמָה צְרִיכָה לִשְׁמוֹחַ כְּשֶׁהִיא מִשְׁתַּחְרֶרֶת מִכַּבְלֵי הַגּוּף שֶׁיֵּשׁ בּוֹ תַּאֲווֹת וִיצָרִים וַחֲטָאִים. וְהַגּוּף הָאוֹהֵב מְנוּחָה "שָׂמֵחַ" לָנוּחַ מְנוּחַת עוֹלָם. בְּנִיתּוּק זֶה יֵשׁ הֶאָרָה גְּדוֹלָה לַנְּשָׁמָה שֶׁעוֹלָה לְעוֹלָמוֹת שֶׁיֵּשׁ בָּהֶם הַרְבֵּה אוֹר וְטוֹב אֲבָל הַגּוּף נִהְיָה טָמֵא טֻמְאָה גְּדוֹלָה "אֲבִי אֲבוֹת הַטֻּמְאָה". כְּדֵי לְהַרְחִיק מִמֶּנּוּ אֶת הַמַּזִּיקִים הַבָּאִים עָלָיו בַּהֲמוֹנֵיהֶם עוֹשִׂים אֶת הַהַקָּפוֹת.

אֲמִירַת הַהַקָּפוֹת

א. נוֹהֲגִים לְהַקִּיף מִסָּבִיב לְנִפְטָר שֶׁבַע הַקָּפוֹת (מַעֲבַר יָבּוֹק דַּף ל"ז)

ב. אֶת הַהַקָּפוֹת עוֹשִׂים רַק לַמֵּת זָכָר וְגָדוֹל, וְלֹא לָאִשָּׁה וְלֹא לְקָטָן פָּחוֹת מִגִּיל 13 (כִּי הַטַּעַם שֶׁל הַהַקָּפוֹת הוּא לְהַבְרִיחַ נִגְעֵי בְּנֵי אָדָם הַיְדוּעִים)

ג. אֵין עוֹשִׂים הַקָּפוֹת כְּלָל בַּיָּמִים שֶׁלֹּא אוֹמְרִים תַּחֲנוּן, וְכֵן לֹא בְּעֶרֶב שַׁבָּת וּבְעֶרֶב יוֹם טוֹב אַחַר חֲצוֹת הַיּוֹם.

ד. מִן הָרָאוּי שֶׁהַמַּקִּיפִים יִהְיוּ נְשׂוּאִים, וּבְכָל אוֹפֶן לֹא אֵלֶּה הַצְּרִיכִים טְבִילָה.

ה. לִפְנֵי אֲמִירַת הַקִּינוֹת מְכַסִּים הַבָּנִים אֶת הַנִּפְטָר בַּפָּרֹכֶת הַמְיוּעֶדֶת לְכָךְ.

לִפְנֵי הַקָּפָה אוֹמְרִים

הַצּוּר תָּמִים פָּעֳלוֹ כִּי כָל דְּרָכָיו מִשְׁפָּט, אֵל אֱמוּנָה וְאֵין עָוֶל צַדִּיק וְיָשָׁר הוּא. צַדִּיק וְיָשָׁר הוּא לְבַדּוֹ, זַךְ וְיָשָׁר כְּמִפְעָלוֹ, חַנּוּן וְרַחוּם וְצַדִּיק בְּדִינוֹ, הַצּוּר פָּעַל וּמִי יֹאמַר לוֹ מָה תִּפְעַל, הַכֹּל לְמַעֲנוֹ פָּעַל, כִּי הוּא מוֹרִיד שְׁאוֹל וַיָּעַל, צַדִּיק יוֹצֵר כָּל מַעֲשֶׂה, וְחָסִיד בְּכָל אֲשֶׁר יַעֲשֶׂה. שַׁלִּיט בְּכָל חֶפְצוֹ עוֹשֶׂה וּמִי יֹאמַר לוֹ מָה תַּעֲשֶׂה. צַדִּיק וְיָשָׁר אֵין בִּדְרָכָיו עָוֶל, כִּי הוּא נִקְרָא הַצּוּר תָּמִים, זַךְ פָּעֳלוֹ, צֶדֶק אוֹרְחוֹתָיו, אֵין לְהִסָּתֵר מִפְּנֵי פּוֹעֵל כֹּל. צֶדֶק וּמִשְׁפָּט כָּל דְּרָכָיו, חֶסֶד וֶאֱמֶת אוֹרְחוֹתָיו, מַשּׂוֹא פָּנִים אֵין לְפָנָיו, וְעָלֵינוּ יֶהֱמוּ רַחֲמָיו, כִּי כֻלָּנוּ מַעֲשֵׂה יָדָיו נֶפֶשׁ כָּל חַי בְּיָדְךָ צֶדֶק מָלְאָה יְמִינְךָ, רַחֵם עַל פְּלֵטַת צֹאן יָדְךָ, וְתֹאמַר לַמַּלְאָךְ הֶרֶף יָדֶךָ. הַצּוּר תָּמִים חֲמוֹל מִמְּרוֹמִים וַעֲשֵׂה בְּרַחֲמִים כְּאָבוֹת עַל בָּנִים מְרַחֲמִים, עָצוּר רָגְזָךְ מֵעוֹלְלֵי תְּמִימִים וּמֵחֲתוּמֵי דָמִים, הַבֵּט נָא בִּמְעוּטֵי עַמִּים, כִּי אַתָּה הוּא בַּעַל הָרַחֲמִים, וְלַאֲבֵלִים תֵּן נִחוּמִים. זוֹ הִיא דֶּרֶךְ לְכָל הָעוֹלָם, הֵאָסְפוּ וַעֲשׂוּ חֶסֶד כֻּלָּם כִּי אֵין דָּבָר מֵאֵל נֶעְלָם וְנִשְׁמָתוֹ לְחַיֵּי עוֹלָם, זוֹ הִיא דֶּרֶךְ לְקָטָן וְלַגָּדוֹל, כִּי אֵין לְפָנָיו מַשּׂוֹא פָנִים, אַשְׁרֵי אָדָם רוֹדֵף צְדָקָה, וּצְדָקָה תַּצִּיל מִמָּוֶת. זוֹ הִיא דֶּרֶךְ לָעֲשִׁירִים וְלַדַּלִּים, לַקְּטַנִּים וְלַגְּדוֹלִים. אָמְנָם סָפִים וּבָלִים, כִּי הַכֹּל הֲבֵל הֲבָלִים. אָדָם אִם בֶּן שָׁנָה יִחְיֶה אוֹ אֶלֶף שָׁנִים יִחְיֶה. מָה יִתְרוֹן לוֹ וְסוֹפוֹ כְּלֹא הָיָה יִהְיֶה. בָּרוּךְ דַּיַּן הָאֱמֶת מֵמִית וּמְחַיֶּה, דַּיַּן אֱמֶת שׁוֹפֵט צֶדֶק וֶאֱמֶת. בָּרוּךְ דַּיַּן הָאֱמֶת, כִּי כָל מִשְׁפָּטָיו צֶדֶק וֶאֱמֶת.

סֵדֶר אֲבֵלִים כַּמִּנְהָג יְהוּדֵי קוֹצִ׳ין

יָהּ שְׁמַע אֶבְיוֹנֶךָ לר' יְהוּדָה הַלֵּוִי – סִימָן יְהוּדָה

יָהּ שְׁמַע אֶבְיוֹנֶיךָ הַמְחַלִּים פָּנֶיךָ,
אָבִינוּ לְבָנֶיךָ אַל תַּעְלֵם אָזְנֶךָ.
יָהּ עַם מִמַּעֲמַקִּים,
יִקְרְאוּ מֵרֹב מְצוּקִים,
אַל נָא תְּשִׁיבֵם רֵקִים,
הַיּוֹם מִלְּפָנֶיךָ.

יָהּ שְׁמַע אֶבְיוֹנֶיךָ הַמְחַלִּים פָּנֶיךָ, אָבִינוּ לְבָנֶיךָ אַל תַּעְלֵם אָזְנֶךָ.

הַוּוֹתָם וַעֲוֹנָם,
מְחֵה וְרֻבֵּי זְדוֹנָם,
וְאִם לֹא תַעֲשֶׂה לְמַעֲנָם,
עֲשֵׂה צוּרִי לְמַעֲנֶךָ.

יָהּ שְׁמַע אֶבְיוֹנֶיךָ הַמְחַלִּים פָּנֶיךָ, אָבִינוּ לְבָנֶיךָ אַל תַּעְלֵם אָזְנֶךָ.

וּמְחֵה הַיּוֹם חוֹבָם,
וּרְצֵה כְּמוֹ שַׁי נִיבָם,
וּלְךָ תָּכִין לִבָּם,
וְגַם תַּקְשִׁיב אָזְנֶךָ.

יָהּ שְׁמַע אֶבְיוֹנֶיךָ הַמְחַלִּים פָּנֶיךָ, אָבִינוּ לְבָנֶיךָ אַל תַּעְלֵם אָזְנֶךָ.

דִּמְעַת פְּנֵיהֶם תִּשְׁעֶה,
וְתֶאֱסוֹף עֵדֶר תּוֹעֶה,
וְתָקִים לְךָ רוֹעֶה,
וּפְקוֹד בְּטוֹב צֹאנֶךָ.

יָהּ שְׁמַע אֶבְיוֹנֶיךָ הַמְחַלִּים פָּנֶיךָ, אָבִינוּ לְבָנֶיךָ אַל תַּעְלֵם אָזְנֶךָ.

הוֹלְכֵי בְּדֶרֶךְ נְכוֹחָה,
תְּבַשְּׂרֵם הַיּוֹם סְלִיחָה.
וּבִתְפִלַּת הַסְּלִיחָה הַמְצִיאֵם חִנֶּךָ.

יָהּ שְׁמַע אֶבְיוֹנֶיךָ הַמְחַלִּים פָּנֶיךָ, אָבִינוּ לְבָנֶיךָ אַל תַּעְלֵם אָזְנֶךָ.

סֵדֶר אֲבֵלִים כְּמִנְהָג יְהוּדֵי קוֹצִ׳ין

כָּלוּ עֵינַי מְיַחֵל,
כָּל יוֹם יְשׁוּעוֹת יוֹחֵל,
קַצְתִּי בְּחַיַּי בּוֹחֵל,
לְשִׁמְמוּת חוֹמוֹת וָחֵיל,
אֲרוּחוֹתַי מְרוֹרוֹתַי,
וּמַשְׁקֶה מֵי רֹאשׁ וְלַעֲנוֹתַי.

וְתֵרַדְנָה דִמְעוֹתַי, כִּי רַבּוֹת אַנְחוֹתַי.

סֵדֶר אֲבֵלִים כְּמִנְהַג יְהוּדֵי קוֹצ׳ין

עֵינִי מִמְּקוֹר נוֹבְעָה,
הוֹרִידִי כְּנַחַל דִּמְעָה,
עַל שִׁמְמוֹת הַר וְגִבְעָה,
הַדְרַת קֹדֶשׁ וְרִבְעָה,
יוֹם תְּבוּסַת אַרְמְנוֹתַי,
וּשְׁאַת רֶדֶת חוֹמוֹתַי.

וְתֵרַדְנָה דִמְעוֹתַי, כִּי רַבּוֹת אַנְחוֹתַי.

בְּכוּ נָא נְפָשׁוֹת עֲצוּבוֹת,
יוֹם פְּקוּדַת הַחוֹבוֹת,
וְעֵינַיִם זוֹבוֹת כְּאוֹבוֹת,
זוֹרְמוּ מַיִם עָבוֹת,
עַל עִיר קִבְרֵי אָבוֹת,
וְחָרְבַּן נָוֶה עַם נְדָבוֹת,
וְאֶדַּדֶּה כָּל שְׁנוֹתַי,
עַל מְצוּקַי וְצָרוֹתַי.

וְתֵרַדְנָה דִמְעוֹתַי, כִּי רַבּוֹת אַנְחוֹתַי.

וְתִתְאַפַּק וְתִגָּרַע,
חֶמְלַת אָסִיר נִפְרַע,
טְהוֹר עֵינַיִם מֵרְאוֹת בְּרָע,
עַד אָן בְּחוֹבִי אֶשְׁתָּרַע,
וְתִמְשׁוֹךְ אַפְּךָ לְדוֹרוֹתַי,
וְלֹא אֶרְאֶה אוֹתוֹתַי.

וְתֵרַדְנָה דִמְעוֹתַי, כִּי רַבּוֹת אַנְחוֹתַי.

תָּעָה לְבָבִי כַּשִּׁכּוֹר,
וְכָל מְנַחֲמָיו יַעְכּוֹר,
וּבְכָל עֵת זָכוֹר אֶזְכּוֹר,
יוֹם אָב מָכַר בֶּן בְּכוֹר,
וּמִצְוַת שָׁמוֹר וְזָכוֹר,
לְאֵשֶׁת נְעוּרִים תִּזְכּוֹר,
הֲלָעַד תִּזְכּוֹר עֲוֹנוֹתַי,
וְתִשְׁכַּח אַהֲבַת כְּלוּלוֹתַי.

וְתֵרַדְנָה דִמְעוֹתַי, כִּי רַבּוֹת אַנְחוֹתַי.

סֵדֶר אֲבֵלִים כְּמִנְהַג יְהוּדֵי קוֹצִ׳ין

אֱלִי עֲדָתִי (לֹא אוֹמְרִים לְנָשִׁים)

אֱלִי עֲדָתִי וְהֵלִילִי,
יוֹם בּוֹ נָפַל כְּלִילִי,
וַיְהִי לְאֵבֶל כִּנּוֹרִי,
וּלְקוֹל בּוֹכִים חֲלִילִי,
וְתֵרַדְנָה דִמְעוֹתַי,
כִּי רַבּוֹת אַנְחוֹתַי.

וְתֵרַדְנָה דִמְעוֹתַי, כִּי רַבּוֹת אַנְחוֹתַי.

בְּיוֹם אֵל שִׂמְחַת גִּילִי,
גָּדַר אֳרְחוֹת שְׁבִילַי,
וְגָלְתָה עֲדַת חַכְלִילִי,
כְּנִפְקַד עָוֹן פְּלִילִי,
יוֹם עָנוּ בִּי עֲוֹנוֹתַי,
וּבוֹשְׁתִּי מִכָּל עֲלִילוֹתַי.

וְתֵרַדְנָה דִמְעוֹתַי, כִּי רַבּוֹת אַנְחוֹתַי.

בְּכִי נַפְשִׁי בְּתַמְרוּרֵךְ,
בְּשִׁבְיֵךְ בְּאַרְצוֹת מְגוּרֵךְ,
בְּיוֹם הִסְגִּיר צוּרֵךְ,
בְּיַד זָרִים דְּבִירֵךְ,
וְהַר קָדְשֵׁךְ וְעִירֵךְ,
בְּיַד זָרֵךְ וְעָרֵךְ,
יוֹם נִתְּקוּ מְזִמּוֹתַי,
וּבוֹשְׁתִּי מִכָּל מוֹעֲצוֹתַי.

וְתֵרַדְנָה דִמְעוֹתַי, כִּי רַבּוֹת אַנְחוֹתַי.

יוֹם זָר הֵיכַל חִבֵּל,
וְסוֹד מְשָׁרְתָיו אָבַל,
וְכָל מַחְמַדָּיו הוּבַל,
לִבְנֵי עַמּוֹן וּגְבָל,
כְּלֵי מִקְדָּשִׁי וּמִזְבְּחוֹתַי,
לְהֵיכְלֵי צָרַי וְשׂנְאוֹתַי.

וְתֵרַדְנָה דִמְעוֹתַי, כִּי רַבּוֹת אַנְחוֹתַי.

סֵדֶר אֲבֵלִים כְּמִנְהַג יְהוּדֵי קוֹצִ'ין

שׁוֹכְנֵי בָּתֵּי חוֹמֶר – לר' שְׁלֹמֹה אִבְּן גְּבִירוֹל

שׁוֹכְנֵי בָּתֵּי חוֹמֶר לָמָּה תִּשְׂאוּ עַיִן,
וּמוֹתַר הָאָדָם מִן הַבְּהֵמָה אָיִן.
לָנוּ יֵשׁ לָדַעַת כִּי אֲנַחְנוּ תוֹלַעַת,
לְגַבֵּינוּ חוֹמֶר גַּבֵּינוּ וְאֵיךְ יִגְבַּהּ לִבֵּנוּ.
מַה יִּתְרוֹן לְגֶבֶר וְאַחֲרִיתוֹ לַקֶּבֶר,
וְזֶה יִהְיֶה לוֹ חֵלֶף חַי שָׁנִים אֶלֶף.
הֲלֹא אִם יֵלֵךְ מֶרִי יְבוּלַע בַּחֲמַת קֶרִי,
וְיִשָּׂרֵף בְּלַהַב וְלֹא יוֹעִיל הַזָּהָב.
הָאָדָם הַנִּכְאֶה פְּקַח עֵינֶיךָ וּרְאֵה,
מֵאַיִן בּוֹאֶךָ וְאָנָה מוֹצָאֶךָ.
קִצְּךָ עָנִי וְאֶבְיוֹן נִמְשַׁל לְקִיקָיוֹן,
שֶׁבֵּין לַיְלָה הָיָה וְעַד בּוֹקֶר לֹא הָיָה.
טוֹב אֲשֶׁר לֹא נוֹצַרְתָּ וְעָמָל לֹא קָצַרְתָּ,
וְאֵיכָה גְּדוֹלוֹת תְּבַקֵּשׁ וְאַתָּה בְּתוֹךְ הַמּוֹקֵשׁ.
נוֹפֵל אַתְּ בְּרֶחֶם וְתִפְשַׁע עַל פַּת לֶחֶם,
וְאִם יִתְמַהְמֵהַּ רֶגַע אֲזַי תִּמְצָא כָּל נֶגַע.
בְּשָׂרְךָ בְּאוֹר זָרוּחַ בְּעוֹד יֵשׁ בּוֹ הָרוּחַ,
וְעֵת תֵּצֵא הַנֶּפֶשׁ נִשְׁאַר טִיט וָרֶפֶשׁ.
רְאֵה כִּי אֵין בְּיָדֶךָ מְאוּמָה מִכְּבוֹדֶךָ,
לְזָרִים חֵילְךָ יוּקָם וְאַתָּה תֵּלֵךְ רֵיקָם.
בְּכָל זֹאת לֹא חָשַׁבְתָּ לְתַאֲוָה הִקְשַׁבְתָּ,
וְאִם לֹא תֵּיטִיב רֵאשִׁיתָהּ מַה תַּעֲשֶׂה בְּאַחֲרִיתָהּ.
יְהִירִים הִתְקוֹשָׁשׁוּ וְזִכְרוּ וְהִתְאוֹשָׁשׁוּ,
שְׂאוּ לֵבָב וְכַפַּיִם אֶל אֵל בַּשָּׁמַיִם.
הָהּ עַל נַפְשׁוֹתֵינוּ וְאוֹי עַל חַטֹּאתֵנוּ,
כִּי רוּחַ רָעִינוּ וְגַם כְּצֹאן תָּעִינוּ.
וּמַה נְּבַקֵּשׁ וּמַה נִּדְרוֹשׁ וַעֲוֹנוֹת עָבְרוּ רֹאשׁ,
מְאֹד רַבּוּ עֲוֹנֵינוּ וְאֵיךְ נִשָּׂא פָּנֵינוּ.
דְּלֵה עַמְּךָ מִשַּׁחַת מוֹשֵׁל רוּם וָתַחַת,
וְאִם הִקְשִׁינוּ עֹרֶף חֲסָדֶיךָ אַל תֶּרֶף.
הָפֵק חֶמְלָתֶךָ לְעַם דּוֹפְקֵי דְלָתֶיךָ,
כִּי אַתָּה אֲדוֹנֵנוּ וְעָלֶיךָ עֵינֵינוּ.

סֵדֶר אֲבֵלִים כַּמִּנְהָג יְהוּדֵי קוֹצִ׳ין

יֶאֱבַל כִּי קָרְבוּ יְמֵי אֵבֶל,
בָּז בְּעֵינָיו אֶת כָּל יְקַר תֵּבֵל,
כִּי יִפְחָד פֶּן קָרְבָה עִתּוֹ.

כִּי לְעֵת קֵץ יָשׁוּב לְיוֹלַדְתּוֹ.

שָׁאֲלוּ מֶה הָיָה לְבֶן שִׁשִּׁים,
אֵין מַעֲשָׂיו בָּרִים וְשָׁרְשִׁים,
כִּי שְׂרִידָיו דַּלִּים וְנֶחֱלָשִׁים,
לֹא יְקוּמוּן אִתּוֹ בְּמִלְחַמְתּוֹ.

כִּי לְעֵת קֵץ יָשׁוּב לְיוֹלַדְתּוֹ.

אִם שְׁנוֹתָיו נָגְעוּ אֱלֵי שִׁבְעִים,
אֵין דְּבָרָיו נִרְאִים וְנִשְׁמָעִים,
רַק לְמַשָּׂא יִהְיֶה עֲלֵי רֵעִים,
מַעֲמָס עַל נַפְשׁוֹ וְמִשְׁעַנְתּוֹ.

כִּי לְעֵת קֵץ יָשׁוּב לְיוֹלַדְתּוֹ.

בֶּן שְׁמֹנִים טוֹרֵחַ עֲלֵי בָנָיו,
אֵין לְבָבוֹ אִתּוֹ וְלֹא עֵינָיו,
בּוּז לְיוֹדְעָיו וְלַעַג לִשְׁכֵנָיו,
רוֹשׁ בְּכוֹסוֹ גַּם לַעֲנָה פִּתּוֹ.

כִּי לְעֵת קֵץ יָשׁוּב לְיוֹלַדְתּוֹ.

אַחֲרֵי זֹאת כְּמֵת יְהִי נֶחְשָׁב,
אַשְׁרֵי אִישׁ אֲשֶׁר נֶחְשָׁב לְגֵר תּוֹשָׁב,
אֵין בְּלִבּוֹ רַעְיוֹן וְלֹא מַחְשָׁב,
רַק לְאַחֲרִית נַפְשׁוֹ וּמַשְׂכֻּרְתּוֹ.

כִּי לְעֵת קֵץ יָשׁוּב לְיוֹלַדְתּוֹ.

סֵדֶר אֲבֵלִים כַּמִּנְהָג יְהוּדֵי קוֹצִ'ין

בֶּן אֲדָמָה – לר' אַבְרָהָם אִבְּן עֶזְרָא

בֶּן אֲדָמָה יִזְכּוֹר בְּמוֹלַדְתּוֹ,
כִּי לְעֵת קֵץ יָשׁוּב לְיוֹלַדְתּוֹ.
קוּם וְהַצְלַח,
אִמְרוּ לְבֶן חָמֵשׁ,
מַעֲלוֹתָיו עוֹלִים עֲלוֹת שֶׁמֶשׁ,
בֵּין שָׁדֵי אֵם יִשְׁכַּב וְאַל יָמֵשׁ,
צַוְּארֵי אָב יִקַּח לְמֶרְכַּבְתּוֹ.

כִּי לְעֵת קֵץ יָשׁוּב לְיוֹלַדְתּוֹ.

מַה תְּאִיצוּן מוּסָר לְבֶן עֶשֶׂר,
עוֹד מְעַט קַט יִגְדַּל וְיִוָּסֶר,
דַּבְּרוּ לוֹ חֵן חֵן וְיִתְבַּשֵּׂר,
שַׁעֲשׁוּעָיו יוֹלְדָיו וּמִשְׁפַּחְתּוֹ.

כִּי לְעֵת קֵץ יָשׁוּב לְיוֹלַדְתּוֹ.

מַה נְּעִימִים יָמִים לְבֶן עֶשְׂרִים,
קַל כָּעוֹפֶר דּוֹלֵג עַל הֶהָרִים,
בַּז לְמוּסָר לוֹעֵג לְקוֹל מוֹרִים,
יַעֲלַת חֵן חֶבְלוֹ וּמַלְכֻּדְתּוֹ.

כִּי לְעֵת קֵץ יָשׁוּב לְיוֹלַדְתּוֹ.

בֶּן שְׁלוֹשִׁים נָפַל בְּיַד אֵשֶׁת,
קָם וְהִבִּיט הִנּוֹ בְּתוֹךְ רֶשֶׁת,
יִלְחָצוּהוּ סָבִיב בְּנֵי קֶשֶׁת,
מִשְׁאֲלוֹת לֵב בָּנָיו וְלֵב אִשְׁתּוֹ.

כִּי לְעֵת קֵץ יָשׁוּב לְיוֹלַדְתּוֹ.

נָע וְנִכְנָע מַשִּׂיג לְאַרְבָּעִים,
שָׂשׂ בְּחֶלְקוֹ אִם רָע וְאִם נָעִים,
רָץ לְדַרְכּוֹ וְיַעֲזוֹב רֵעִים,
עַל עֲמָלוֹ יַעֲמֹד בְּמִשְׁמַרְתּוֹ.

כִּי לְעֵת קֵץ יָשׁוּב לְיוֹלַדְתּוֹ.

בֶּן חֲמִשִּׁים יִזְכּוֹר יְמֵי אֵבֶל,

סֵדֶר אֲבֵלִים כַּמִּנְהָג יְהוּדֵי קוֹצִ׳ין

חַטֹּאת נְעוּרַי וּפְשָׁעַי, אַל תִּזְכּוֹר.

דָּבְקָה נַפְשִׁי בְּעָצְבִּי,
וְתֵלֶךְ שׁוֹבְבָה,
וְעוֹלָם נָתַן בְּלִבִּי,
הֲקִימוֹתִי מַצֵּבָה,
וְלֹא אֶזְכּוֹר בְּיוֹם טוֹבִי,
יוֹם אֶשְׁכַּב לַמַּעֲצֵבָה,
יוֹם רוּחַ תַּעֲבוֹר בִּי,
וְאֵין אַהֲבָה וְאֵין אֵיבָה,
הֵן זָרְקָה בִּי שֵׂיבָה,
וּרְאִיתִיהָ לִזְכּוֹר.

חַטֹּאת נְעוּרַי וּפְשָׁעַי, אַל תִּזְכּוֹר.

הִפְחִידוּנִי עֲוֹנַי,
וְחַסְדְּךָ יַבְטִחֵנִי,
וְנַחֲמַת חֶזְיוֹנַי,
בַּהֲקִיצִי תְּשִׂיחֵנִי,
וֶהֱאֱמִינוּ רַעְיוֹנַי,
כִּי רוּחֲךָ תַּנִיחֵנִי.
שִׂים נָא לִבִּי וְעֵינַי
בְּדֶרֶךְ אֱמֶת וּנְחֵנִי,
וּבְיוֹם תּוֹכִיחֵנִי,
בְּרוֹגֶז רַחֵם תִּזְכּוֹר.

חַטֹּאת נְעוּרַי וּפְשָׁעַי, אַל תִּזְכּוֹר.

סֵדֶר אֲבֵלִים כְּמִנְהָג יְהוּדֵי קוֹצִ'ין

יִצְרִי רֵאשִׁית - סִימָן יְהוּדָה

יִצְרִי רֵאשִׁית צָרִי,
הִתְעַנִּי כְּשִׁכּוֹר,
וּמַה יִתְרוֹן לִדְבָרַי,
דִּבְרֵי עֲוֹנוֹת לִזְכּוֹר,
יָהּ אַל תְּגַל מִסְתָּרַי,
וְחַיָּתִי אַל תַּעֲכוֹר,
חַטֹּאת נְעוּרַי וּפְשָׁעַי,
אַל תִּזְכּוֹר.

חַטֹּאת נְעוּרַי וּפְשָׁעַי, אַל תִּזְכּוֹר.

הַלְבֶן מָוֶת יִתְרוֹן,
בְּהַקְרִיב מִנְחַת שְׂפָתָיו
וְהִיא מִנְחַת זִכָּרוֹן,
מַזְכֶּרֶת עֲוֹנוֹתָיו,
וְאֵין אַהֲרֹן וְאֵין אָרוֹן,
לְכַפֵּר עַל זְדוֹנוֹתָיו,
וּבַמֶּה יָשִׁיב חֲרוֹן,
וְיִרְצוּ קָרְבְּנוֹתָיו,
אֲשֶׁר שִׁכְּלוֹ,
יְמֵי הֶבְלוֹ,
בְּיַד תַּאֲוָתוֹ יִמְכּוֹר.

חַטֹּאת נְעוּרַי וּפְשָׁעַי, אַל תִּזְכּוֹר.

וְנָקַל בְּעֵינֶיךָ לְכַפֵּר,
עַל נֶפֶשׁ שׁוֹגֶגֶת,
דַּלָּה מִמְּצוֹא כוֹפֵר,
וְאֵין יָדָהּ מַשֶּׂגֶת,
חִקְקֵי מְגִלַּת סֵפֶר,
זָכְרָה וּמִתְמוֹגֶגֶת,
וְנִחוּם אִמְרֵי שֶׁפֶר,
הוֹגָה וּמִתְעַנֶּגֶת,
פַּעַם בְּפֶתַח תִּקְוָה וּפַעַם בְּעֵמֶק עָכוֹר.

סֵדֶר אֲבֵלִים כַּמִּנְהָג יְהוּדֵי קוֹצִ'ין

הֵן חִצֵּי כְּלִימוֹתַי,
לְפַלֵּחַ כִּלְיוֹתַי.

נִשְׁבַּר לִבִּי בְּקִרְבִּי, רָחֲפוּ כָּל עַצְמוֹתַי.

לִנְקָמוֹת חֲגוֹר חֵמוֹת,
וּמָתְנֵי קִנְאָה שַׁנֵּס וְקוּם כְּגִבּוֹר,
לְבֵן מִבּוֹר,
מְצָעֵק כִּי מֵי חַנֵּס,
שְׁאָר יוֹסֵף, הֱיֵה מְאַסֵּף,
וְלִפְדוֹתוֹ תִּשָּׂא נֵס,
וְעַם מְפוֹרָד, אֲשֶׁר יָרַד,
פְּלָאִים מַהֵר כַּנֵּס,
אֶל יְדִידוּת מִשְׁכְּנוֹתַי,
וְהָעִיר קִבְרוֹת אֲבוֹתַי.

נִשְׁבַּר לִבִּי בְּקִרְבִּי, רָחֲפוּ כָּל עַצְמוֹתַי.

סֵדֶר אֲבֵלִים כְּמִנְהַג יְהוּדֵי קוֹצִ'ין

מְקוֹר עֵינַי - סִימָן מֹשֶׁה ל'

מְקוֹר עֵינַי עַל עֲוֹנִי,
יִתְהַלֵּךְ לְעִתּוֹתַי,
וְאוֹר אִישִׁי, עֲלֵי כַּחֲשִׁי,
יְקַר בֵּין צַלְעוֹתַי,
וְדַם לִבִּי, עֲלֵי חוֹבִי,
יִזַּל עִם דִּמְעוֹתַי,
בְּהַזְכִּירִי בְּהַכִּירִי,
פְּשָׁעַי וּזְדוֹנוֹתַי,
נִשְׁבַּר לִבִּי בְּקִרְבִּי,
רָחֲפוּ כָּל עַצְמוֹתַי.

נִשְׁבַּר לִבִּי בְּקִרְבִּי, רָחֲפוּ כָּל עַצְמוֹתַי.

שִׁיכּוֹר מֵי רוֹשׁ,
וְלֹא תִירוֹשׁ,
וַחֲמַת תַּנִּין יַשְׁוּקֶה,
בְּיַד מַעַל,
וְחֶטְאוֹ אוֹתוֹ מַשְׁקֶה,
וְלֹא נִמְנַע, וְלֹא נִכְנַע,
מֵאֵל אֲשֶׁר לֹא יְנַקֶּה,
וְכַנּוֹשֵׁה, עֲלֵי שָׁרְשַׁי,
מִצְעָדַי יִתְחַקֶּה,
וְעֵינָיו עַל נְתִיבוֹתַי,
לִשְׁמוֹר כָּל אָרְחוֹתַי.

נִשְׁבַּר לִבִּי בְּקִרְבִּי, רָחֲפוּ כָּל עַצְמוֹתַי.

הָאָדוֹן אַל תָּדוֹן,
בְּאַף עַל גֶּבֶר עָצֵל,
וְהוּא שֶׁבֶר, לְפִי קֶבֶר,
וְיָמָיו בּוֹרְחִים כַּצֵּל,
וְאֵיךְ מִפַּח, אֵשׁ לֹא נֻפָּח,
יִבְרַח וְאֵיךְ יִנָּצֵל,
וְאֶת מִרְיוֹ־שָׁת עֶדְיוֹ,
וְעַל שֵׂיבָה לֹא יִתְנַצֵּל,

סֵדֶר אֲבֵלִים כַּמִּנְהָג יְהוּדֵי קוֹצִ׳ין

וְשַׁלְמִי אֶת נִשְׁיֵךְ.
לְכָל רַע לֹא צָמֵאתִי,
אֲבָל אֲנִי בָּךְ נִדְמֵתִי,
אֵיךְ תֹּאמְרִי לֹא נִטְמֵאתִי.

הַנְּשָׁמָה לָךְ וְהַגּוּף פָּעֳלָךְ צוּר אֲשֶׁר אֵין דּוֹמֶה לָךְ חוּסָה עַל עֲמָלָךְ.

מַחְשְׁבוֹתֶיךָ הֵבִינוּ,
וְיָדֶיךָ הֵכִינוּ,
וְנַחְנוּ מַה כִּי תָלִינוּ.
אֲמֵלִים אֲשֶׁר רָגְשׁוּ,
וְצֶדֶק לֹא פָּגָשׁוּ,
אֶחָד בְּאֶחָד יִגָּשׁוּ.
לֵב דּוֹרֵשׁ וּמַעֲבָדָיו,
יַחְבִּיר שְׁנֵיהֶם עָדָיו,
וּבָעֲרוּ שְׁנֵיהֶם יַחְדָּו.
קִלְקוּל עֲוֹנָם יוּסָר,
וְלֹא יִכְבַּד הַמּוּסָר,
בְּשַׁגַּם הוּא בָשָׂר.
יָחִיד שְׁרִירוּת יַחְמֹד,
אִם כְּפָעֳלוֹ תָּמוּד,
יְיָ מִי יַעֲמֹד.
חֲשׂוֹךְ זַעַם אֵימָתְךָ,
וְאַל תְּיַסֵּר בַּחֲמָתְךָ,
וַיִּנָּפֵשׁ בֶּן אֲמָתְךָ.
קָרֵב נָא לְהַרְוִיחֵנִי,
וְיוֹם לַדִּין תִּקָּחֵנִי
אַל בְּאַפְּךָ תוֹכִיחֵנִי.

הַנְּשָׁמָה לָךְ וְהַגּוּף פָּעֳלָךְ צוּר אֹשֶׁר אֵין דּוֹמֶה לָךְ חוּסָה עַל עֲמָלָךְ.

סֵדֶר אֲבֵלִים כְּמִנְהַג יְהוּדֵי קוֹצִ׳ין

נָבָל הוּא וּנְבֵלָה עִמּוֹ.

הַנְּשָׁמָה לָךְ וְהַגּוּף פָּעֳלָךְ צוּר אֲשֶׁר אֵין דּוֹמֶה לָךְ חוּסָה עַל עֲמָלָךְ.

יְצוּרֵנִי פּוֹתֵעַ,
וְהוּא בְּתִתּוֹ מַלְתֵּעַ,
וְהָיִיתִי בְּעֵינָיו כִּמְתַעְתֵּעַ.
הֵן חֶטְאוֹ לֹא יְסֻפַּר,
לָכֵן יוּכְלַם וַיוּחְפָּר,
כְּדֵי רִשְׁעָתוֹ בְּמִסְפָּר.
וּמִמֶּנִּי אַל תִּפְרַע,
וּמוּסָר גֵּו אַל תִּגְרַע,
כִּי כֻלּוֹ חָנֵף וּמֵרָע.
דִּבֶּר הַגּוּף לְהִוָּשֵׁעַ,
חֲדַל מִמֶּנִּי וְהָשַׁע,
זַךְ אֲנִי בְּלִי פֶּשַׁע.
הֵן כָּאָבֶן מַעֲמַסּוֹת,
אֲנִי מָלֵא בּוּז וְקַלָּסוֹת,
וּמַה יָּכֹלְתִּי עֲשׂוֹת.

הַנְּשָׁמָה לָךְ וְהַגּוּף פָּעֳלָךְ צוּר אֲשֶׁר אֵין דּוֹמֶה לָךְ חוּסָה עַל עֲמָלָךְ.

גַּם אֲנִי נִשְׁכַּל שָׁכוּל,
דּוֹמֶה לְעֵץ הָאֶשְׁכּוֹל,
אֲשֶׁר לֹא יִצְלַח לַכֹּל.
בְּלִי נֶפֶשׁ אֶחָשֵׁב,
כְּבַיִת בְּלִי יוֹשָׁב,
וְאֵין עוֹנֶה וְאֵין קָשֶׁב.
יַעַן אַשְׁכִּים וְאַמִּישׁ,
מְשֻׁלָּךְ כְּמוֹ חַלָּמִישׁ,
מִמְּקוֹמוֹ לֹא יָמִישׁ.
רְאֵה הַפְּקוּדָה כֻּלָּהּ,
עַל נֶפֶשׁ וּמַעֲלָלָהּ,
שַׁלְּמוּ לָהּ מִפְּעָלָהּ.
וּשְׂאִי נַפְשִׁי מֶרְיֵךְ,
וְאִכְלִי אֶת פִּרְיֵךְ,

סֵדֶר אֲבֵלִים כְּמִנְהָג יְהוּדֵי קוֹצִ׳ין

שׁוּר לְמִי רַב זְדוֹנֵיהוּ לְיוֹם יְבוּקַשׁ עֲוֹנֵהוּ,
וְחִשַּׁב עִם קוֹנֵהוּ.
לְיוֹם לֹא יִשָּׂא פְּנֵי שָׂר,
בְּהִתְנַגֵּשׁ לַמּוּסָר,
הַנֶּפֶשׁ עִם הַבָּשָׂר.
מִשְׁפְּטֵיהֶם וְדִינֵיהֶם,
עַד הָאֵל אֲדוֹנֵיהֶם,
יָבוֹא דְּבַר שְׁנֵיהֶם.
הַנֶּפֶשׁ תְּמַהֵר תְּשׁוּבָה,
אֵין עָלַי חַטָּאת כְּתוּבָה,
צְדָקָה נַפְשָׁהּ מְשׁוּבָה.
הַרְפֵּנִי וַעֲזָבֵנִי,
הַלְרִיב תְּצִיבֵנִי,
הוֹדִיעֵנִי עַל מַה תְּרִיבֵנִי.
קְדוֹשִׁי לֹא אֲהֵבָנִי,
כִּי בְּמַסְגֵּר הֱבִיאַנִי,
בְּמַחֲשַׁכִּים הוֹשִׁיבַנִי.
טֶנֶף גּוּף טוֹרַחַת,
וּמִנְּבֵלָה סוֹרַחַת אָנֹכִי בּוֹרַחַת.
נִלְאֵתִי מְאֹד כַּלְכֵּל,
כִּי הַגּוּף הַנּוֹכֵל הִשִּׁיאַנִי וְאוֹכֵל.

הַנְּשָׁמָה לָךְ וְהַגּוּף פָּעֳלָךְ צוּר אֲשֶׁר אֵין דּוֹמֶה לָךְ חוּסָה עַל עֲמָלָךְ.

בְּכָל חֵטְא יִתְגַּלֵּעַ,
וְאוֹתִי לְכַף קוֹלֵעַ,
לָא הֵשִׁיב יָדוֹ מִבַּלֵּעַ.
הֶעֱצָנִי הֱנִיאָנִי,
וּלְשַׁחַת קְרָאָנִי,
אַךְ עַתָּה הֶלְאָנִי.
בְּכָל תַּאֲוָה הוּא נֶאֱסַר,
וּמִמַּאֲכָל וּמַשְׁקֶה לֹא סָר,
וּבֶטֶן רְשָׁעִים תֶּחְסַר.
יָגוּף לְטַמֵּא עַצְמוֹ,
יַעַן כִּי הוּא כִּשְׁמוֹ,

אמירת הקינות

לִפְנֵי אֲמִירַת הַקִינוֹת, נוֹהֲגִים קְרוֹבֵי הַמִּשְׁפָּחָה לְפַזֵּר בּוֹשֶׂם עַל הַנִּפְטָר / הַנִּפְטֶרֶת

מִנְהַג פִּיזּוּר בּוֹשֶׂם עַל הַנִּפְטָר

מְקוֹר הַמִּנְהָג שֶׁל פִּיזּוּר הַבְּשָׂמִים עַל הַנִּפְטָר לְאַחַר הַטָּהֳרָה וְהַלְבָּשַׁת הַתַּכְרִיכִים, בגמ׳ בְּרָכוֹת מ״א ע״ב כָּתוּב ׳אֵין מְבָרְכִים עַל בְּשָׂמִים שֶׁל מֵתִים׳. וְכָךְ פָּסַק שו״ע וְהַטַּעַם הוּא, שֶׁיִּהְיֶה רֵיחַ טוֹב לְמֵת, וְעַל מְקוֹר זֶה הִסְתַּמְּכוּ בִּקְהִילָתֵנוּ לִשְׁפּוֹךְ בּוֹשֶׂם עַל הַנִּפְטָר. בְּנוֹסָף, אַחֲרֵי הַלְבָּשַׁת הַתַּכְרִיכִים אוֹמְרִים אֶת הַפָּסוּק ״נֵרְדְּ וְכַרְכֹּם קָנֶה וְקִנָּמוֹן עִם כָּל עֲצֵי לְבוֹנָה מֹר וַאֲהָלוֹת עִם כָּל רָאשֵׁי בְשָׂמִים״, בְּפָסוּק זֶה מוּבָאִים מִינֵי בְּשָׂמִים שׁוֹנִים שֶׁבָּהֶם רֵיחַ טוֹב, וּלְדַעַת הַקוֹצִ׳ינִים, זֶה רוֹמֵז עַל מִנְהָגֵינוּ לִשְׁפּוֹךְ בְּשָׂמִים עַל הַנִּפְטָר אַחֲרֵי הַטָּהֳרָה וְהַהַלְבָּשָׁה.

נוֹהֲגִים לוֹמַר שֶׁבַע קִינוֹת עַל נִפְטָר בַּיּוֹם רָגִיל אַחֲרֵי הַטָּהֳרָה, וְשֵׁשׁ קִינוֹת עַל אִישָּׁה.

א. אֶת הַקִינוֹת אוֹמְרִים בַּדֶּרֶךְ כְּלָל בַּסֵּדֶר הַבָּא: קִינָה הָרִאשׁוֹנָה – הָבֵּן הַגָּדוֹל. קִינָה שְׁנִיָּה – זְקַן הַצִּיבּוּר. שְׁלִישִׁית, רְבִיעִית, חֲמִישִׁית, שִׁשִּׁית, – קְרוֹבֵי מִשְׁפַּחַת הַנִּפְטָר/ת. קִינָה שְׁבִיעִית – הָבֵּן הַקָּטָן אוֹ חֲתַן הַנִּפְטָר.

ב. בַּחוֹל הַמּוֹעֵד אֵין אוֹמְרִים קִינוֹת כְּלַל.

ג. בַּיָּמִים אֵלוּ: אִסְרוּ חַג, חֲנוּכָּה, פּוּרִים, רֹאשׁ חֹדֶשׁ, בְּעֶרֶב שַׁבָּת אַחֲרֵי חֲצוֹת הַיּוֹם, בְּעֶרֶב יוֹם טוֹב אַחֲרֵי חֲצוֹת הַיּוֹם, נוֹהֲגִים לוֹמַר רַק שָׁלֹשׁ קִינוֹת.

ד. בְּיָמִים אֵלוּ: חֹדֶשׁ נִיסָן, יד׳ אִיָּר, ל״ג בָּעוֹמֶר, ט״ו בִּשְׁבָט, הַיָּמִים שֶׁבֵּין יוֹם הַכִּפּוּרִים לַסּוּכּוֹת, הַיָּמִים שֶׁבֵּין שִׂמְחַת תּוֹרָה לרו״ח חֶשְׁוָן, וְכֵן בַּיָּמִים שֶׁלֹּא אוֹמְרִים בָּהֶם תַּחֲנוּן, אֶפְשָׁר לוֹמַר שֵׁשׁ פִּזְמוֹנִים חוּץ מֵהַקִינָה ״אֱלֵי עֲדָתִי״.

קִינוֹת

שְׁטַר עָלַי בְּעֵדִים – לר׳ שְׁלֹמֹה בְּרַבִּי יְהוּדָה גְּבִירוֹל

הַנְּשָׁמָה לָךְ וְהַגּוּף פָּעֳלָךְ צוּר אֲשֶׁר אֵין דּוֹמֶה לָךְ חוּסָה עַל עֲמָלָךְ.

שְׁטַר עָלַי בְּעֵדִים וְקִנְיָן,
לְשַׁלֵּם מְחֲרַת הַמִּנְיָן,
וְהָיָה יְיָ לַדַּיָּן.
אֲזַי בְּחָשְׁבִי מֵרָחוֹק,
בָּכִיתִי בְּלִי חוֹק,
עֵת לִבְכּוֹת וְעֵת לִצְחוֹק.
נָפְלָה עָלַי חֲרָדָה,
בְּזָכְרִי יוֹם הַקְפָּדָה,
פַּחַד קְרָאַנִי וּרְעָדָה.
יַעַן בִּשְׁרִירוּת לְבָבִי,
דָּאַגְתִּי בְּמַחֲשָׁבִי,
כִּי אֵיךְ אֶעֱלֶה אֶל אָבִי.

סֵדֶר אֲבֵלִים כְּמִנְהַג יְהוּדֵי קוֹצִ׳ין

בִּרְכַּת קְרִיעָה עַל הַמֵּת

יֵשׁ נָהוּג לִקְרֹא קוֹדֶם הַצּוּר תָּמִים אח״כ ק״ש וְלְבסוֹף דַּיַּן הָאֱמֶת

שְׁמַע יִשְׂרָאֵל, יְיָ אֱלֹהֵינוּ, יְיָ אֶחָד.

בָּרוּךְ, שֵׁם כְּבוֹד מַלְכוּתוֹ, לְעוֹלָם וָעֶד.

הַצּוּר תָּמִים פָּעֳלוֹ כִּי כָל דְּרָכָיו מִשְׁפָּט, אֵל אֱמוּנָה וְאֵין עָוֶל צַדִּיק וְיָשָׁר הוּא. דַּיַּן אֱמֶת שׁוֹפֵט צֶדֶק וֶאֱמֶת. בָּרוּךְ דַּיַּן הָאֱמֶת כִּי כָל מִשְׁפָּטָיו צֶדֶק וֶאֱמֶת.

עַל מֵת שֶׁצָּרִיךְ לְהִתְאַבֵּל עָלָיו קוֹרֵעַ מֵעוֹמֵד וִיבָרֵךְ קוֹדֶם

בָּרוּךְ אַתָּה יְיָ אֱלֹהֵינוּ מֶלֶךְ הָעוֹלָם דַּיַּן הָאֱמֶת.

וְכִפֵּר אַדְמָתוֹ עַמּוֹ (קְרִיעָה)

סֵדֶר אֲבֵלִים כְּמִנְהַג יְהוּדֵי קוֹצִ׳ין

קְרִיעָה (אֲבֵלוּת)

בַּהֲלָכָה הַיְּהוּדִית, קְרִיעַת בֶּגֶד, נֶעֱרֶכֶת בְּמִסְגֶּרֶת דִּינֵי הָאֲבֵלוּת. מִי שֶׁמֵּת לוֹ אֶחָד מִשִּׁבְעַת הַקְּרוֹבִים (אָב, אֵם, אָח, אָחוֹת, בֵּן, בַּת וּבֶן זוּג) שֶׁחַיָּבִים לָשֶׁבֶת עֲלֵיהֶם שִׁבְעָה, חַיָּב בִּקְרִיעָה.

הַקְּרִיעָה הָרִאשׁוֹנָה בַּתּוֹרָה הָיְתָה אֵצֶל יַעֲקֹב אָבִינוּ, שֶׁקָּרַע אֶת בְּגָדָיו אַחֲרֵי שֶׁהוֹדִיעוּ לוֹ שֶׁיּוֹסֵף מֵת (בְּרֵאשִׁית לז׳, ל״ד). נֶאֱמַר לַכֹּהֲנִים ״רָאשֵׁיכֶם אַל תִּפְרָעוּ וּבִגְדֵיכֶם לֹא תִפְרֹמוּ וְלֹא תָמֻתוּ״ (וַיִּקְרָא י׳, ו׳) מִכָּאן לָמְדוּ שֶׁמִּי שֶׁאֵינוֹ כֹּהֵן חַיָּב בִּקְרִיעָה אֲבָל לְדַעַת רוֹב הָרִאשׁוֹנִים הַקְּרִיעָה הִיא מִתַּקָּנַת חֲכָמִים.

הַקְּרִיעָה נַעֲשֵׂית בַּעֲמִידָה, הַשִּׁיעוּר שֶׁלָּהּ טֶפַח וְלֹא יוֹתֵר וְאָמְרוּ חֲכָמִים ״הַקּוֹרֵעַ עַל הַמֵּת יוֹתֵר מִדַּי, לוֹקֶה מִשּׁוּם בַּל תַּשְׁחִית״ (בָּבָא קַמָּא צ״א, ב).

הַקְּרִיעָה נַעֲשֵׂית בַּבֶּגֶד הָעֶלְיוֹן, מְקוֹמָהּ בְּבֵית הַצַּוָּאר, מִלְּפָנִים. זְמַנָּהּ מֵעִיקַּר הַדִּין בְּעֵת יְצִיאַת הַנְּשָׁמָה, וּלְעִתִּים נוֹהֲגִים לִקְרוֹעַ לִפְנֵי שֶׁמּוֹצִיאִים אֶת הַמֵּת מִן הַבַּיִת לְבֵית קְבָרוֹת. בְּמִקְרִים רַבִּים נָהוּג שֶׁהַקְּרִיעָה מִתְבַּצַּעַת בְּבֵית הַקְּבָרוֹת עַצְמוֹ, בִּתְחִילַּת טֶקֶס הַלְּוָיָה, עַל יְדֵי אִישׁ חֶבְרָה קַדִּישָׁא.

מִלְּבַד הָאֲבֵלִים כָּל מִי שֶׁהָיָה נוֹכֵחַ בִּשְׁעַת יְצִיאַת הַנְּשָׁמָה שֶׁל אָדָם כָּשֵׁר מִיִּשְׂרָאֵל צָרִיךְ לִקְרוֹעַ, וְכֵן תַּלְמִיד חָכָם קוֹרֵעַ עַל רַבּוֹ שֶׁלִּימְּדוֹ תּוֹרָה.

הלכות קריעה

א. מִי שֶׁנִּפְטַר לוֹ אֶחָד מִקְּרוֹבָיו שֶׁחַיָּיב לְהִתְאַבֵּל עָלָיו וְהֵם: אָבִיו, אִמּוֹ, אָחִיו, אֲחוֹתוֹ, בְּנוֹ, בִּתּוֹ, אִשְׁתּוֹ, וְכֵן אִישָּׁה עַל בַּעֲלָהּ, חַיָּיב לִקְרוֹעַ עָלָיו.

ב. לִפְנֵי הַקְּרִיעָה הָאֲבֵלִים אוֹמְרִים אֶת הַפָּסוּק ״הַצּוּר תָּמִים.״ וכו׳ וּמְבָרְכִים ״דַּיַּין הָאֱמֶת״ עִם שֵׁם מַלְכוּת.

ג. מְקוֹם הַקְּרִיעָה הוּא לְפָנָיו, וְשִׁעוּר הַקְּרִיעָה 8 ס״מ כִּשְׁאָר קְרוֹבִים, אֲבָל עַל אָבִיו וְאִמּוֹ קוֹרֵעַ עַד שֶׁיְּגַלֶּה אֶת מְקוֹם הַלֵּב.

ד. נוֹהֲגִים שֶׁאַחֵר מַתְחִיל אֶת הַקְּרִיעָה, וְהָאָבֵל מַמְשִׁיךְ אֶת הַקְּרִיעָה בְּיָדוֹ.

ה. עַל אָבִיו וְאִמּוֹ קוֹרְעִים בְּצַד שְׂמֹאל שֶׁל הַבֶּגֶד, וְעַל שְׁאָר קְרוֹבִים בְּצַד יָמִין שֶׁל הַבֶּגֶד.

ו. יֵשׁ נוֹהֲגִים לִקְרוֹעַ לְאַחַר הַקְּבוּרָה, אַךְ אָנוּ נוֹהֲגִים לִקְרוֹעַ לְאַחַר טָהֳרָה לִפְנֵי שֶׁמַּתְחִילִים בַּאֲמִירַת הַקִּינוֹת וְהַפִּזְמוֹנִים.

ז. נָשִׁים שְׁקוֹרְעוֹת עַל הַמֵּת, יִסְגְּרוּ מְקוֹם הַקְּרִיעָה בְּסִיכַּת בִּטָּחוֹן מִשּׁוּם צְנִיעוּת.

ח. קָטָן פָּחוֹת מִגִּיל בַּר מִצְוָה שֶׁנִּפְטַר אֶחָד מִקְּרוֹבָיו, קוֹרְעִים לוֹ קְצָת מִפְּנֵי עָגְמַת נֶפֶשׁ.

ט. מִנְהָגֵנוּ שֶׁאֵין קוֹרְעִים בְּחוֹל הַמּוֹעֵד עַל שׁוּם מֵת, אֶלָּא קוֹרְעִים לְלֹא בְּרָכָה בְּמוֹצָאֵי הֶחָג הַשֵּׁנִי, כְּדַעַת הַיֵּשׁ חוֹלְקִים, וְרָאוּי בחוה״מ לִקְרוֹעַ עַל אָבִיו וְאִמּוֹ בִּלְבַד.

י. חָתָן וְכַלָּה שֶׁנִּפְטַר אֶחָד מִקְּרוֹבֵיהֶם בְּתוֹךְ שִׁבְעַת יְמֵי הַמִּשְׁתֶּה, אֵינָם קוֹרְעִים אֶלָּא לְאַחַר סִיּוּם שִׁבְעַת יְמֵי הַמִּשְׁתֶּה, וְיֵשׁ נוֹהֲגִים לִקְרוֹעַ בְּיוֹם הַקְּבוּרָה, וְאַחֲרֵי הַלְּוָיָה יַחְלִיפוּ אֶת הַבֶּגֶד הַקָּרוּעַ.

סֵדֶר אֲבֵלִים כְּמִנְהָג יְהוּדֵי קוֹצִ׳ין

וַיַּעַן וַיֹּאמֶר אֶל הָעֹמְדִים לְפָנָיו לֵאמֹר הָסִירוּ הַבְּגָדִים הַצֹּאִים מֵעָלָיו וַיֹּאמֶר אֵלָיו רְאֵה הֶעֱבַרְתִּי מֵעָלֶיךָ עֲוֹנֶךָ וְהַלְבֵּשׁ אוֹתְךָ מַחֲלָצוֹת.

וּמְשִׁיבִים אוֹתוֹ זוֹרְקִים עַל כָּל גּוּף הַרְבֵּה מַיִם בְּיַחַד (12.5 ל׳ בבת אחת) וְאוֹמְרִים.

וְזָרַקְתִּי עֲלֵיכֶם מַיִם טְהוֹרִים וּטְהַרְתֶּם מִכֹּל טֻמְאוֹתֵיכֶם וּמִכָּל גִּלּוּלֵיכֶם אֲטַהֵר אֶתְכֶם. וְנֶאֱמַר כִּי בַיּוֹם הַזֶּה יְכַפֵּר עֲלֵיכֶם לְטַהֵר אֶתְכֶם מִכֹּל חַטֹּאתֵיכֶם לִפְנֵי יְיָ תִּטְהָרוּ. וְסָר עֲוֹנֶךָ וְחַטָּאתְךָ תְּכֻפָּר.

סֵדֶר אֲבֵלִים כְּמִנְהַג יְהוּדֵי קוֹצִ'ין

יָבוֹא שָׁלוֹם יָנוּחוּ עַל מִשְׁכְּבוֹתָם. בָּרוּךְ אַתָּה יְיָ עוֹשֶׂה שָׁלוֹם בִּמְרוֹמָיו, לַעֲבָדָיו וּלְיִרְאֵי שְׁמוֹ.

ואח"כ הַזָּקֵן שְׁלִישִׁי רְחִיצָה בְּשָׁלֹשׁ כֵּלִים.

יְיָ מָה אָדָם וַתֵּדָעֵהוּ בֶּן אֱנוֹשׁ וַתְּחַשְּׁבֵהוּ.

וַתְּחַסְּרֵהוּ מְּעַט מֵאֱלֹהִים וְכָבוֹד וְהָדָר תְּעַטְּרֵהוּ.

לַשֵּׁם אֱלֹהֵינוּ הָרַחֲמִים וְהַסְּלִיחוֹת כִּי חָטָאנוּ לוֹ.

ואח"כ רוֹחֵץ לֵב וְהַבֶּטֶן וְהַכְּתֵפוֹת בִּשְׁנֵי כֵּלִים ואח"כ זְרוֹעַ הַיְמָנִית מִלְּפָנִים וְהַשְּׂמָאלִית בְּאַחוֹרָנִית בִּשְׁנֵי כֵּלִים הַיְמָנִית מִלְּמַעְלָה וְהַשְּׂמָאלִית לְמַטָּה וְאוֹמֵר.

בָּרוּךְ הַפּוֹדֶה עַמּוֹ יִשְׂרָאֵל מִמִּינֵי פּוּרְעָנִיּוֹת בְּרַחֲמִים.

ואח"כ רוֹחֵץ אֶת הַחֲלָצַיִם וְחַמּוּקֵי יְרֵכַיִם בִּכְלִי אַחֵר ואח"כ, רוֹחֵץ מְבוּשָׁיו שֶׁל פָּנִים וְשֶׁל אַחֲרָיו בְּמַיִם אֲחֵרִים בִּכְלִי אַחֵר וּבִבְרִית וְאוֹמְרִים.

יְהִי רָצוֹן מִלְּפָנֶיךָ יְיָ אֱלֹהֵינוּ וֵאלֹהֵי אֲבוֹתֵינוּ שֶׁתִּזְכּוֹר זְכוּת בְּרִית קֹדֶשׁ שֶׁבִּבְשָׂרֵנוּ וְיִהְיֶה לוֹ פִּדְיוֹן מִשְּׂרֵפַת גֵּיהִנָּם וּתְחַלְּצֵהוּ. בָּרוּךְ כּוֹרֵת הַבְּרִית בְּרַחֲמִים.

בְּרַחֲמִים הֶסְתֵּר וְהַעְלֵם פִּשְׁעֵי הַמֵּת הַזֶּה עַבְדְּךָ וּמִשְּׂרֵפַת הָאֵשׁ תְּחַלְּצֵהוּ כִּי הוּא צָרִיךְ לְרַחֲמֶיךָ הָרַבִּים וְאַתָּה יְיָ אֱלֹהֵינוּ טוֹב וְסַלָּח לְכָל קוֹרְאֶיךָ. בָּרוּךְ אַתָּה יְיָ גְּדוֹל הָעֵצָה וְרַב הָעֲלִילִיָּה בְּרַחֲמִים.

ואח"כ רוֹחֵץ אֶת הָאַרְכּוּבוֹת וְאֶת הַשּׁוֹקַיִם וְאֶת כַּפּוֹת הָרַגְלַיִם בְּמַיִם אֲחֵרִים וְאוֹמְרִים.

רַגְלֵי צַדִּיקִים בְּגַן עֵדֶן רְכוּבוֹת כִּי מְקוֹם יְשָׁרִים הוּא רַגְלֵי חֲסִידָיו יִשְׁמוֹר. בָּרוּךְ אַתָּה יְיָ הַמַּצְדִּיק צַדִּיק וְסוֹלֵחַ לַעֲוֹנוֹת חֵטְא עַמּוֹ יִשְׂרָאֵל בְּרַחֲמִים.

ואח"כ רוֹחֵץ פָּנָיו שֶׁל מֵת וְאוֹמֵר

פָּנִים בְּפָנִים דִּבֶּר יְיָ עִמָּכֶם בָּהָר מִתּוֹךְ הָאֵשׁ. אָנֹכִי עוֹמֵד בֵּין יְיָ וּבֵינֵיכֶם בָּעֵת הַהִיא. יִשָּׂא יְיָ פָּנָיו אֵלֶיךָ וְיָשֵׂם לְךָ שָׁלוֹם.

כְּשֶׁרוֹחֵץ פִּיו אוֹמֵר

פֶּה אֶל פֶּה אֲדַבֶּר בּוֹ וּמַרְאֶה וְלֹא בְּחִידֹת.

וּמַתְחִיל בִּקְצֵה אֶצְבְּעוֹתָיו וְאוֹמֵר

בְּיָדְךָ אַפְקִיד רוּחִי, פָּדִיתָה אוֹתִי יְיָ אֵל אֱמֶת.

וְרוֹחֵץ הָעֵינַיִם וְאוֹמֵר

וַיַּרְא רֵאשִׁית לוֹ כִּי שָׁם חֶלְקַת מְחוֹקֵק סָפוּן. עֵינָיו כְּיוֹנִים עַל אֲפִיקֵי מַיִם. בָּרוּךְ אַתָּה יְיָ הַמֵּאִיר לְמֵתֵי עַמּוֹ יִשְׂרָאֵל בְּמִדַּת הָרַחֲמִים.

וְרוֹחֵץ אַפּוֹ וְאוֹמֵר

אַפֵּךְ כְּמִגְדַּל הַלְּבָנוֹן. בָּרוּךְ הַנּוֹתֵן רַחֲמִים גְּדוֹלִים בְּרוֹב תַּחֲנוּנָיו לְמֵיתֵי עַמּוֹ יִשְׂרָאֵל.

אח"כ יֹאמַר הַפָּסוּק הַזֶּה שֶׁבַע פְּעָמִים

וְהָיָה פִי רֹאשׁוֹ בְּתוֹכוֹ שָׂפָה יִהְיֶה לְפִיו סָבִיב מַעֲשֵׂה אוֹרֵג כְּפִי תַחְרָא יִהְיֶה לוֹ לֹא יִקָּרֵעַ.

אח"כ יֹאמַר הַפָּסוּק הַזֶּה שֶׁבַע פְּעָמִים

הֶן עָם לְבָדָד יִשְׁכֹּן וּבַגּוֹיִם לֹא יִתְחַשָּׁב.

כְּשֶׁמְּסִירִים מֵעָלָיו הַסָּדִין שֶׁרְחָצוּ אוֹתוֹ בּוֹ אוֹמְרִים.

סֵדֶר אֲבֵלִים כַּמִּנְהָג יְהוּדֵי קוֹצִ'ין

הַשָּׁלָב הָאַחֲרוֹן בַּנִּקָּיוֹן, הוּא הֲסָרַת הַלִּכְלוּךְ שֶׁנִּמְצָא מִתַּחַת לְצִיפּוֹרְנָיו שֶׁל הַנִּפְטָר.

תשעה קבין

שְׁלַב זֶה הוּא עִקַּר הַטָּהֳרָה, וּלְאַחֲרָיו הַנִּפְטָר נֶחְשָׁב טָהוֹר.

כָּל הָעוֹסְקִים בַּמְּלָאכָה נוֹטְלִים שׁוּב אֶת יְדֵיהֶם (כִּנְטִילַת יָדַיִם שֶׁל הַבּוֹקֶר). מְסִירִים מֵעַל הַנִּפְטָר אֶת הַסָּדִין הַלַּח שֶׁהָיָה מוּנָח עָלָיו בְּמֶשֶׁךְ כָּל תַּהֲלִיךְ הַטָּהֳרָה. מַעֲמִידִים אֶת הַנִּפְטָר, וְתוֹמְכִים בּוֹ מִסְפַּר אֲנָשִׁים, כְּפִי הַנִּדְרָשׁ לְפִי גּוֹדְלוֹ וּמִשְׁקָלוֹ. מַסְתִּירִים אוֹתוֹ (מִשּׁוּם צְנִיעוּת) בְּסָדִין פָּרוּס אַחֵר, וְשׁוֹפְכִין עָלָיו בְּבַת אַחַת כַּמּוּת מַיִם הַשָּׁוָה לְ- 9 קַבִּין (כְּ- 30 לִיטֶר מַיִם). רָאוּי לִשְׁפּוֹךְ אֶת הַמַּיִם מִכְּלִי אֶחָד, אַךְ אִם אֵין כְּלִי אֶחָד נִיתָּן לְחַלֵּק אֶת הַמַּיִם לְ- 3 כֵּלִים, וְלִפְנֵי שֶׁיִּכְלוּ הַמַּיִם מֵהַכְּלִי הָאֶחָד, כְּבָר יִשְׁפְּכוּ מֵהַכְּלִי הַשֵּׁנִי, כְּדֵי שֶׁכָּל הַמַּיִם יִשָּׁפְכוּ בְּבַת אַחַת לְלֹא הֶפְסֵק. בְּחַדְרֵי הַטָּהֳרָה הַמּוֹדֶרְנִיִּים קַיָּם מִתְקָן מְיוּחָד שֶׁיּוֹצֵק אֶת הַמַּיִם עַל הַנִּפְטָר.

בִּזְמַן שְׁפִיכַת הַתִּשְׁעָה קַבִּין, אוֹמְרִים הַמְטַהֲרִים אֶת הַפָּסוּק: וְזָרַקְתִּי עֲלֵיכֶם מַיִם טְהוֹרִים וּטְהַרְתֶּם מִכֹּל טֻמְאוֹתֵיכֶם וּמִכָּל גִּלּוּלֵיכֶם אֲטַהֵר אֶתְכֶם. וְנֶאֱמַר כִּי בַיּוֹם הַזֶּה יְכַפֵּר עֲלֵיכֶם לְטַהֵר אֶתְכֶם מִכֹּל חַטֹּאתֵיכֶם לִפְנֵי יְיָ תִּטְהָרוּ. וְסָר עֲוֹנֶךָ וְחַטָּאתְךָ תְּכֻפָּר. לְאַחַר מִכֵּן מְכַסִּים אֶת הַנִּפְטָר בְּסָדִין חָדָשׁ יָבֵשׁ, מְנַגְּבִים וּמְסָרְקִים אוֹתוֹ טֶרֶם לְבִישַׁת הַתַּכְרִיכִים.

מנהגינו

לִפְנֵי רְחִיצַת הַמֵּת אוֹמְרִים

אָנָּא יְיָ אֱלֹהֵי הַחֶסֶד וְהָרַחֲמִים אֲשֶׁר כָּל אוֹרְחוֹתֶךָ חֶסֶד וֶאֱמֶת וְתוֹרָתְךָ כֻּלָּהּ חֶסֶד וֶאֱמֶת וּבָרָאתָ הָעוֹלָם בְּחֶסֶד וֶאֱמֶת וְצִוִּיתָנוּ לְהִתְעַסֵּק בַּמֵּתִים בְּחֶסֶד וֶאֱמֶת וְלִקְבּוֹר הַמֵּתִים בְּחֶסֶד וֶאֱמֶת דִּכְתִיב כִּי קָבוֹר תִּקְבְּרֶנּוּ. וּבְכֵן יְהִי רָצוֹן מִלְּפָנֶיךָ יְיָ אֱלֹהֵינוּ שֶׁתְּאַמְּצֵנוּ וּתְחַזְּקֵנוּ לַעֲשׂוֹת מְלַאכְתֵּנוּ מְלֶאכֶת שָׁמַיִם לִהְיוֹת עֲסָקֵינוּ בַּמֵּתִים בְּטָהֳרָתָם וּבִלְבִישָׁתָם וּבִקְבוּרָתָם וְאַף שֶׁלֹּא יָדַעְנוּ כַּוָּנָתָם לְכַוֵּין בָּהֶם יִהְיוּ כְּאִלּוּ נִתְכַּוַּנְנוּ בָהֶם וְתִשְׁמְרֵנוּ שֶׁלֹּא נִכָּשֵׁל בְּמַעֲשֵׂה יָדֵינוּ וְיִתְקַיֵּים בָּנוּ לֹא יְאֻנֶּה לַצַּדִּיק כָּל אָוֶן, כִּי שְׁגִיאוֹת מִי יָבִין וְתִשְׁמְרֵנוּ מִכָּל נֶזֶק וְתַקָּלָה לְקַיֵּים בָּנוּ מִקְרָא שֶׁכָּתוּב 'שׁוֹמֵר מִצְוָה לֹא יֵדַע דָּבָר רָע', וְתַעֲמֹד לָנוּ זְכוּת מִצְוַת גְּמִילוּת חֶסֶד וֶאֱמֶת וּלְכָל בְּנֵי בֵּיתֵנוּ לְמַלְאוֹת יָמֵינוּ בַּטּוֹב וּבַנְּעִימִים בְּשֵׂיבָה טוֹבָה וְאַךְ טוֹב וָחֶסֶד יִרְדְּפוּנִי כָּל יְמֵי חַיָּי וְשַׁבְתִּי בְּבֵית יְיָ לְאוֹרֶךְ יָמִים. וִיהִי נֹעַם יְיָ אֱלֹהֵינוּ עָלֵינוּ וּמַעֲשֵׂי יָדֵינוּ כּוֹנְנָה עָלֵינוּ וּמַעֲשֵׂי יָדֵינוּ כּוֹנְנֵהוּ.

נוֹתְנִים אֶת הַמֵּת עַל הַלּוּחַ כְּדֵי לְרָחֲצוֹ אַחַר רְחִיצַת הַלּוּחַ נוֹטְלִים אוֹתוֹ וְאוֹמְרִים בִּנְטִילָתָם

יְהִי רָצוֹן מִלְּפָנֶיךָ יְיָ אֱלֹהֵינוּ וֵאלֹהֵי אֲבוֹתֵינוּ שֶׁתְּרַחֵם עַל הַמֵּת הַזֶּה שֶׁהוּא בֶּן אַבְרָהָם יִצְחָק וְיַעֲקֹב עֲבָדֶיךָ וְתָנוּחַ נַפְשׁוֹ עִם הַצַּדִּיקִים בְּגַן עֵדֶן, בָּרוּךְ מְחַיֶּה וּמֵמִית הַחַיִּים.

וְזוֹרְקִים עָלָיו מַיִם חַיִּים לֹא חַמִּים וְלֹא קָרִים אֶלָּא פּוֹשְׁרִים וּמַתְחִילִים לִרְחוֹץ הָרֹאשׁ תְּחִלָּה שִׁבְעָה רְחִיצוֹת בְּשִׁבְעָה כֵּלִים רִאשׁוֹנָה בְּמַיִם, שְׁנִיָּה בְּנֶתֶר, שְׁלִישִׁית בְּבוֹרִית וְאוֹמְרִים.

רֹאשֵׁךְ עָלַיִךְ כַּכַּרְמֶל וְדַלַּת רֹאשֵׁךְ כָּאַרְגָּמָן, מֶלֶךְ אָסוּר בָּרְהָטִים. בָּרוּךְ אַתָּה יְיָ הָאֵל הַגָּדוֹל הַגִּבּוֹר וְהַנּוֹרָא מוֹחֵל וְסוֹלֵחַ לַחֲטָאִים וְלַעֲוֹנוֹת מִמְּתֵי עַמְּךָ יִשְׂרָאֵל בְּתַחֲנוּנִים.

בִּרְחִיצָה רְבִיעִית וַחֲמִישִׁית רוֹחֲצִים בְּמַיִם נְקִיִּים וּבַשִּׁשִּׁית בַּעֲלֵי הֲדַס וְאוֹמְרִים.

יְהִי רָצוֹן מִלְּפָנֶיךָ יְיָ אֱלֹהֵינוּ וֵאלֹהֵי אֲבוֹתֵינוּ שֶׁתְּסַבֵּב מַלְאֲכֵי רַחֲמִים לִפְנֵי הַמֵּת הַזֶּה שֶׁהוּא עַבְדְּךָ בֶּן אֲמָתֶךָ וְאַתָּה יְיָ אֱלֹהֵינוּ וֵאלֹהֵי אֲבוֹתֵינוּ מַשְׂכִּיל אֶל דַּל מַלְּטֵהוּ מִכָּל צָרָה וּמִיּוֹם רָעָה וּמִדִּינָהּ שֶׁל גֵּיהִנָּם. בָּרוּךְ אַתָּה יְיָ גְּדוֹל הָעֵצָה וּבַעַל הָרַחֲמִים.

בִּרְחִיצָה הַשְּׁבִיעִית רוֹחֲצִים אֶת הָרֹאשׁ בְּמַיִם קָרִים וְאוֹמְרִים.

טָהֳרָה

בַּיַּהֲדוּת, טָהֳרַת הַמֵּת אוֹ (בְּקִיצּוּר טָהֳרָה) הִיא תַּהֲלִיךְ שֶׁל רְחִיצָה וְנִיקָּיוֹן, פְּנִימִי וְחִיצוֹנִי, אוֹתוֹ נוֹהֲגִים לַעֲשׂוֹת לְגוּפַת הַמֵּת, טֶרֶם שֶׁמַּלְבִּישִׁים אוֹתוֹ בְּתַכְרִיכִים לִקְרַאת קְבוּרָתוֹ. בְּעֵת הַתַּהֲלִיךְ הַטָּהֳרָה מִתְנַהֲגִים הַמְטַהֲרִים עִם הַנִּפְטָר בְּכָל הַכָּבוֹד הָרָאוּי, כְּאִילוּ הָיָה עֲדַיִן חַי, רוֹאֶה וְשׁוֹמֵעַ אוֹתָם. גְּבָרִים עוֹסְקִים בְּטָהֳרָתָם שֶׁל גְּבָרִים, וְנָשִׁים עוֹסְקוֹת בְּטָהֳרַת נָשִׁים. כַּיּוֹם מִתְבַּצֵּעַ תַּהֲלִיךְ הַטָּהֳרָה בְּבֵית הַלְוָיוֹת אוֹ בְּבֵית הָעָלְמִין. יֵשׁ הָעוֹשִׂים זֹאת תּוֹךְ אֲמִירַת פְּסוּקִים. רוֹחֲצִים כָּל אֵיבָר בְּנִפְרָד, וּלְאַחַר מִכֵּן יוֹצְקִים עַל כָּל גּוּפוֹ שֶׁל הַנִּפְטָר 9 קַבִּין שֶׁל מַיִם.

הַמִּנְהָג שֶׁל טָהֳרַת הַמֵּת אֵינוֹ מֻזְכָּר בְּשׁוּם מָקוֹם בַּמִּקְרָא, אַךְ בְּסֵפֶר חֲסִידִים (מִן הַמֵּאָה הַ–12 אוֹ הַ–13) מוּבָא שֶׁפֵּרוּשׁ הַפָּסוּק בִּמְגִילַּת קֹהֶלֶת: "כָּל–עֻמַּת שֶׁבָּא כֵּן יֵלֵךְ" (ה, טו) הוּא "כְּשֶׁנּוֹלָד רוֹחֲצִים אוֹתוֹ, וּכְשֶׁמֵּת רוֹחֲצִים אוֹתוֹ". וְאָכֵן, בְּקִבְרֵי הַמְּלָכִים שֶׁבְּמִזְרַח יְרוּשָׁלַיִם נִמְצְאוּ מִקְוֵה מַיִם בְּסָמוּךְ לַאֲתַר הַקְּבוּרָה, אִם כִּי אֵין הוֹכָחָה בְּרוּרָה כִּי הִשְׁתַּמְּשׁוּ בַּמַּיִם אֵלּוּ לְטָהֳרַת הַמֵּת.

מקור משנאי

מִצְוַות טָהֳרַת הַמֵּת מֻזְכֶּרֶת בִּשְׁנֵי מְקוֹמוֹת בַּמִּשְׁנָה: הָאֶחָד, בְּמַסֶּכֶת שַׁבָּת: "עוֹשִׂין כָּל צָרְכֵי הַמֵּת, סָכִין וּמְדִיחִין אוֹתוֹ, וּבִלְבַד שֶׁלֹּא יָזִיזוּ בּוֹ אֵבָר..." (כג,ה) – הַמִּשְׁנָה עוֹסֶקֶת בְּדִינֵי מֻקְצֶה בַּשַּׁבָּת, אַךְ מִתּוֹךְ הָאִסּוּר לְהָזִיז אֵבָר שֶׁל הַנִּפְטָר בְּשַׁבָּת, לוֹמְדִים אֶת עֶצֶם נוֹשֵׂא הַטָּהֳרָה. הַמָּקוֹר הַשֵּׁנִי הוּא מַסֶּכֶת שְׂמָחוֹת "הַגּוֹסֵס הֲרֵי הוּא כְּחַי לְכָל דָּבָר... אֵין מְזִיזִין אוֹתוֹ, וְאֵין מְדִיחִין אוֹתוֹ, וְאֵין מְטִילִין אוֹתוֹ לֹא עַל גַּבֵּי הַחוֹל וְלֹא עַל גַּבֵּי הַמֶּלַח עַד שָׁעָה שֶׁיָּמוּת..." (מַסֶּכֶת שְׂמָחוֹת, א', א'–ג'.). בִּשְׁנֵי מְקוֹרוֹת אֵלּוּ מֻזְכָּר הַמִּנְהָג לְהָדִיחַ אֶת הַמֵּת, מִבְּלִי לְצַיֵּן אֶת פְּרָטָיו.

מקורות מהפוסקים

בְּסִפְרֵי הָרִאשׁוֹנִים יֶשְׁנָהּ הִתְיַיחֲסוּת מְפֹרֶטֶת יוֹתֵר לְדִינֵי טָהֳרַת הַמֵּת. הָרַמְבַּ"ם בְּהִלְכוֹת אֲבֵלוּת מְדַבֵּר עַל הֲדָחָה, סִיכָה, בִּישׂוּם, וְתִסְפֹּרֶת. רַבִּי אֶלְעָזָר מִוּוֹרְמַיְיזָא בְּסִפְרוֹ "הָרוֹקֵחַ" מִסְתַּמֵּךְ עַל "סֵפֶר הַכָּבוֹד" שֶׁל רַבִּי יְהוּדָה הֶחָסִיד, וּמְפָרֵט שְׁלַבִּים מִתּוֹךְ תַּהֲלִיךְ הַטָּהֳרָה: חִמּוּם הַמַּיִם, רְחִיצַת גּוּף הַנִּפְטָר, אֵיבָרָיו, פָּנָיו, וְרֹאשׁוֹ. אֱלִיעֶזֶר בֶּן שְׁמוּאֵל הַלֵּוִי נִפְטַר בְּמָגֶהֱצָה בִּשְׁנַת 1357, וּבְצַוָּאָה צִיוָּה לְבָנָיו כֵּיצַד לְטַהֲרוֹ.

"בִּקַּשְׁתִּי מְאֹד מְאֹד שֶׁיְּטַהֲרֻנִי בְּמָתוֹן וּבְטָהֳרָה וּבִנְקִיּוּת בֵּין אֶצְבָּעוֹת יָדַיִים וְרַגְלַיִם וּבֵין הָאָחוֹר. וְיָחוֹפוּ רֹאשִׁי וְיַסְרְקוּנִי בְּמַסְרֵק כְּדֶרֶךְ הַחַיִּים וייטלו צִיפּוֹרְנֵי יָדַיי וְרַגְלַיי כְּדֵי שֶׁאָבֹא טָהוֹר וְנָקִי לַמְּנוּחָה כְּמוֹ שֶׁהָלַכְתִּי לְבֵית הַכְּנֶסֶת בְּכָל שַׁבָּת בַּחֲפִיפָה וּבִנְטִילַת צִיפּוֹרְנַיִם וּבִסְרִיקָה וּבִבְדִיקַת נְקָבִים. כֵּן יַעֲשׂוּ לִי גַּם לִמְנוּחַת עוֹלָמִים. וְיִתְּנוּ לְעָנִי שְׂכַר טוֹב שֶׁיַּעֲשֶׂה לִי כָּל זֶה בְּמָתוֹן בְּלֹא חִיפָּזוֹן אִם קָשֶׁה לַמְטַהֲרִים לַעֲשׂוֹתָם."

שלבי הטהרה

הַטָּהֳרָה הִיא תַּהֲלִיךְ שֶׁל נִקָּיוֹן גּוּפַת הַמֵּת, הַנַּעֲשִׂית בְּכַמָּה שְׁלַבִּים, וּמִתְבַּצַּעַת כְּכָל שֶׁנִּתָּן בְּסָמוּךְ לִקְבוּרָתָהּ. הַטָּהֳרָה נַעֲשֵׂית עַל יְדֵי אֲנָשִׁים הַמֻּמְחִים לְכָךְ. הָעוֹסְקִים בְּטָהֳרָה הַמֵּת, צְרִיכִים לַעֲסוֹק בְּכָךְ בְּטָהֳרָה וְעַל כֵּן טֶרֶם בּוֹאָם לַעֲסוֹק בַּמֵּת צְרִיכִים לִטְבּוֹל בְּעַצְמָם. בְּכָל בֵּית קְבָרוֹת מְקַיְּמִים "חֶדֶר טָהֳרָה" מְיוּחָד בּוֹ מִתְבַּצַּעַת הַטָּהֳרָה. אָסוּר לְאָדָם לִהְיוֹת נוֹכֵחַ בִּשְׁעַת טָהֳרַת אָבִיו, חָמִיו, גִּיסוֹ, אוֹ בַּעַל אִמּוֹ, וְכֵן אָסוּר לְתַלְמִיד לִהְיוֹת נוֹכֵחַ בְּטָהֳרַת רַבּוֹ.

הבדיקה הפנימית

הַבְּדִיקָה הַפְּנִימִית הִיא תַּהֲלִיךְ שֶׁל נִיקּוּי מֵעָיו שֶׁל הַנִּפְטָר. בִּזְמַן תַּהֲלִיךְ זֶה אֵין אוֹמְרִים פְּסוּקִים, וְלֹא כָּל דָּבָר שֶׁבִּקְדוּשָּׁה שֶׁכֵּן גַּם הַמָּקוֹם וְגַם הַיָּדַיִם שֶׁל הָעוֹסְקִים בַּמְּלָאכָה אֵינָם נְקִיִּים.

בְּעֶזְרַת מַיִם וְסַבּוֹן מְנַקִּים הֵיטֵב אֶת פִּי הַטַּבַּעַת, וּבְעֶזְרַת סְפוֹג וְסַבּוֹן מְבַצְּעִים גַּם נִיקּוּי פְּנִימִי לְאַחַר הַמָּוֶת, אֵין הַשְּׁרִירִים, שׁוֹלְטִים יוֹתֵר בַּסּוֹגְרִים, וְהַגִּישָׁה פְּנִימָה נַעֲשֵׂית קַלָּה. לְאַחַר מִכֵּן מַחְדִּירִים פְּנִימָה מַיִם, תּוֹךְ כְּדֵי שֶׁמְּעַסִּים אֶת בֶּטֶן הַנִּפְטָר, וְאָז מְאַפְשְׁרִים לַמַּיִם לִזְרוֹם הַחוּצָה. חוֹזְרִים עַל תַּהֲלִיךְ זֶה, עַד שֶׁהַמַּיִם הַחוֹזְרִים, יוֹצְאִים נְקִיִּים וּלְלֹא כָּל רֵיחַ רַע. לְאַחַר סִיּוּם הַבְּדִיקָה פּוֹקְקִים אֶת פִּי הַטַּבַּעַת בְּצֶמֶר פִּשְׁתָּן.

Copyright © 2014 Shlomo Mordechai

All rights reserved. No part of this publication may be reproduced, stored in a retrieval system or transmitted in any form or by any means, electronic, mechanical, photocopying, recording or otherwise, without the prior written permission of the author or publisher. Inquiries should be addressed to:
    Tamarind Tree Books Inc.,
    14 Ferncastle Crescent,
    Brampton, Ontario. L7A 3P2, Canada.
        or
    Shlomo Mordechai,
    137 Sunrise Lane,
    Lewittown, New York,
    11756, United States.

Library and Archives Canada Cataloguing in Publication

Mordechai, Shlomo - author
Order of mourning in Cochin Jewish tradition /
Shlomo Mordechai.

ISBN 978-0-9919157-1-2 (pbk.)

          1. Jewish mourning customs--India--Kerala. I. Title.

BM712.M67 2014   296.4'45095483   C2013-907161-X

סֵדֶר אֲבֵלִים כְּמִנְהַג יְהוּדֵי קוֹצִ'ין

This book is dedicated to the memory of my parents
Miriyam Ruhama Mordechai

Daughter of Nehemiah and Rebecca Blessed in Memory

Died on 20th of Tevet 5772 (18/1/2011)

Benjamin Mordechai

Son of Mordechai and Zipporah Blessed in Memory

Died on 8th of Elul 5754 (15/8/1994)

May their souls be bound up in the bond of life.

After the death of my mother I wanted to keep the mourning traditions and customs of our community. I discovered books and collections that were written for those who live in established Cochini communities with religious leaders. The texts lacked explanations and were cumbersome to read and follow. The beautiful poetic language was unformatted and read like a text book. I decided to edit the texts and compile this book to make the language sing as it should and allow others of our community to engage in our ancient and beautiful traditions with ease. It is my hope that this book will make accessible the great traditions of the Cochin Jews to others like me. I thank all those who helped in publishing this compilation. © All rights reserved. Shlomo Mordechai

סֵדֶר אֲבֵלִים כְּמִנְהַג יְהוּדֵי קוֹצִ׳ין

ספר זה מוקדש לעילוי נשמות הורינו

מרים רוחמה מרדכי ז״ל

בת נחמיה ורבקה ז"ל
שנפטרה כ"ג טבת תשע"ב

בנימין מרדכי ז״ל

בן מרדכי וציפורה ז"ל
שנפטר ח' באלול תשנ"ד

תהא **נ**שמתם **צ**רורה **ב**צרור **ה**חיים

ספר זה לוקט ע״י **שלמה מרדכי,** לאחר מותה של אמי רציתי לשמור על המסורות ומנהגי האבל של הקהילה שלנו. גיליתי ספרים ואוספים שנכתבו עבור מי שחי בקהילות קוצ׳ינית מסודרת עם מנהיגים דתיים. הטקסטים החסירו בהסברים והיו מסורבלים לקריאה ולמעקב .השפה הפיוטית היפה הייתה לא מעוצבת ונקראה כמו ספר טקסט. החלטתי לערוך את הטקסטים ולעבד את הספר הזה כדי להפוך את השפת השיר כמו שהיא אמורה להיות ולאפשר לאחרים בקהילה שלנו להנות מהמסורות העתיקות והיפות שלנו בקלות. תקוותי היא שהספר הזה יהפוך את המסורת הגדולה של יהודי קוצ׳ין לנגישה לאחרים כמוני. אני מודה לכל מי שסייע בהוצאה לאור אוסף זה

טבת תשע״ד

TAMARIND TREE BOOKS
Toronto

סֵדֶר אֲבֵלִים כְּמִנְהָג יְהוּדֵי קוֹצִ׳ין

www.ingramcontent.com/pod-product-compliance
Lightning Source LLC
Chambersburg PA
CBHW081507040426
42446CB00017B/3428
* 9 7 8 0 9 9 1 9 1 5 7 1 2 *